부자가 되려거든 기록하라

우리 집 재테크의 시작, 돈 관리 시스템부터 만들자!

부자가 되려거든 기록하라

택스코디 지음 | 잡빌더 로울 기획

다온북스
DAON BOOKS

기업이 작성한 회계장부는 무의미한 숫자의 나열이 아니라 숫자 하나 하나가 의미를 담고 있습니다. 우량한 기업인지, 경영에 어떤 위험요소가 있는지, 효율적으로 생산하고 있는지와 같은 다양한 질문에 숫자는 정확한 답을 하고 있습니다. 이 숫자가 말하는 것을 잘 읽고 분석하고 참고해서 경영자는 회사를 경영하고 주주는 투자를 결정합니다.

가정경제도 마찬가지입니다. 한 가정의 살림살이가 보여주는 숫자는 이처럼 많은 질문에 대한 답을 하고 있습니다. 무작정 아끼고 절약해야 한다는 신념을 갖거나, 더 많이 공부해서 똑똑한 소비자가 되는 것만으로 가정경제를 운영하면 금세 한계에 부딪힙니다. 개인의 결심이나 능력은 상황에 따라 달라지며 지속 가능한 요소가 아니기 때문입니다.

불확실한 미래를 헤쳐가야 하는 당신에게 가장 확실한 의사결정의 근거는 다름 아닌 숫자여야 합니다. 정말 신기한 것이 막상 재테크를 하려 마음먹으면 어김없이 등장하는 옆집 언니, 이제 더는 '카더라' 통신에 귀를 기울이지 말고, 우리 집 재무제표 속 숫자에 집중합시다. 정답은 숫자가 알려 줄 것입니다.

가정경제는 생각만큼 단순하지 않습니다. 이 복잡한 상황을 정리하고 돈 문제로 고민에 빠지지 않으려면 내 기억만으로는 부족합니다. 결국 기록의 힘이 필요합니다. 돈 씀씀이와 자산을 장부에 기록하는 일은 돈 문제를 구체화하고 객관화하는 가장 효과적이고 유일한 수단이라 해도 과언이 아닙니다.

지금까지 우리는 아껴 써야 잘산다는 식으로 근검절약만을 강조하고 개인의 자제력에 모든 책임을 돌려왔습니다. 그러나 점점 복잡해지고 불확실해져 가는 시대의 책임이 더 큽니다. 이럴수록 주먹구구식으로 혹은 순간적인 판단에 기대어 돈에 대한 의사결정을 해서는 안 됩니다.

이제는 숫자를 통해 과거를 평가하고, 현재를 계획하며, 미래를 대비해야 합니다. 숫자는 거짓말을 하지 않으며, 편향에 휩싸여 있지도 않고, 감정적이지도 않습니다. 숫자에 근거한 결정을 통해 오류투성이에 착각에 빠지기 쉬운 인간의 단점을 보완해야 지속 가능한 가정경제를 꾸려나갈 수 있습니다.

우리는 늘 바쁘게 살고 있습니다. 이 와중에 매달 적으라고 하면 대부분 사람이 포기합니다. 이 일을 왜 해야 하는지 생각해 봅시다. 어디에 얼마만큼 쓰는지 살펴보기 위해서가 아닌가요? 그러니 대략 분기별로(3개월 간격으로) 적으면 됩니다. 3개월 정도를 꼼꼼히 살펴보면 자신이 돈을 어디에 쓰고 있는지, 그리고 그 비용이 타당한지 어떤지 알 수 있습니다. 근본적인 부분을 바꿀 생각은 하지 않고 '다음 달에는 외식비와 옷값을 좀 줄여야지' 하고 넘어간다면 다음 달에도 비슷한 처지입니다. 의욕만 가지고는 나가는 돈을 절대 줄일 수 없습니다.

가계부는 새는 돈을 막고 저축을 하고, 종잣돈을 마련하는 데에는 더없이 훌륭한 도구지만, 딱 거기까지입니다. 큰돈이 걸린 부동산 투자를 감행하거나 주식투자에 필요한 의사결정을 하는 데에는 한계가 있습니다. 그래서 가정에도 재무제표 작성이 필요합니다.

기업은 재무제표를 통해서 매달 벌고 쓰는 돈을 파악하면서 자연스럽게 경영계획을 세웁니다. 현금이 부족하면 주위에 빌려준 돈을 갚으라고 재촉한다든지, 이자 비용이 많이 나가면 자금을 조달할 다른 방법을 모색한다든지 하는 방안을 생각하게 되는 거죠.

꼭 기업을 위해서뿐만 아니라 개인을 위한 재무제표도 써볼 필요가 있습니다. 자신의 월급, 부채, 부동산 등을 재무제표에 넣고 계산을 해보는 거죠. 그러면 자신이 매달 얼마를 벌고 얼마나 쓰며, 부채는 얼마이고 등 일련의 돈의 흐름을 쉽게 파악할 수 있습니다.

자신의 현금이 들고 나가는 것을 확인하고 이익과 손실을 따져서 재무상태를 파악하는 것, 이것을 바로 '회계의 개인화'라고 합니다. 이런 의미에서 회계는 회사 운영을 위해서도 필요하지만, 개인의 재무 설계를 위해서도 꼭 필요합니다.

부자들이 활용해온 강력한 도구, 재무제표를 여러분이 직접 작성하고 활용할 수 있도록 제가 돕겠습니다.

2023년 10월

차례

(1장)

숫자를 보라

2장

숫자를 써라

3장

숫자를 해석하라

1 우리 집 재무제표를 해석해보자

2 우리 집은 숫자로 투자한다

사례를 통해 살펴보는 우리 집 재테크

1장

숫자를
보라

1

우리 집 과연 부자일까?

우리 집 과연 부자일까?

회알못 - 도대체 자산이 얼마면 부자인가요?

택스코디 - 사실 부자라는 개념은 상대적이므로 10억 원이 있으면 부자라고 생각하는 사람도 있고, 그렇지 않은 사람도 있습니다. 또한 사는 지역에 따라 나이에 따라 부자의 기준이 달라지기도 합니다. 따라서 상대적인 기준, 즉 다른 사람들은 어느 정도 자산이 있는가를 두고 우리 집을 평가하는 것이 합리적입니다.

회알못 - 그럼 상대적 기준으로 삼을 지표가 있나요?

택스코디 - 우리 집 상태를 평가할 수 있는 상대적 기준이 되는 좋은 지표가 있습니다. 통계청에서 매년 발표하는 가계금융복지 조사입니다. 대한민국 가계의 재무상태를 알 수 있는 신뢰할 만한 자료입니다.

2022년 12월 발표한 대한민국 평균 가정의 재무상태표는 다음과 같습니다. (전국 평균이므로 서울 혹은 소도시를 기준으로 보면 현실과 다르게 느낄 수도 있습니다.)

2022년 통계청 가계금융복지 조사결과 재무상태표

자산		부채	
금융 자산		금융 부채	
저축	8,548만 원	담보대출 (부채 내 구성비)	5,381만 원 (58.7%)
전/월세 보증금	3,577만 원	신용대출	1,008만원(11.0%)
금융 자산 합계 (자산 내 구성비)	1억 2,126만 원 (22.1%)	신용카드 관련 대출	71만 원(0.8%)
부동산 자산 및 실물 자산		기타	343만 원(3.7%)
거주 주택	2억 5,496만 원	금융 부채 합계	6,803만 원(74.2%)
거주 주택 외	1억 4,858만 원	임대보증금	2,367만 원(25.8%)
기타	2,292만 원		
부동산 & 실물 자산 합계	4억 2,646만 원 (77.9%)		
자산 합계 (자산 = 부채 + 순자산)	5억 4,772만 원	부채 합계	9,170만 원
		순자산	4억 5,602만 원

이 조사에 따르면, 현재 가구당 보유자산은 5억 4,772만 원이며, 평균 부채는 9,170만 원입니다. 자산은 금융자산이 22.1%, 부동산과 실물 자산이 77.9%를 차지하고 있어 역시 부동산의 비중이 매우 크다는 사실을 알 수 있습니다. 부채는 금융 부채가 전체 부채의 74.2%이며 이 중 담보대출이 58.7%로 역시 상당 부분을 차지하고 있습니다.

나이별로 평균 자산을 확인하면 좀 더 정확하게 나의 현실과 비교할 수 있습니다. 가구주 나이별로 평균 자산을 따져보면 30세 미만이 1억 3,498만 원, 30~39세는 4억 1,246만 원, 40~49세는 5억 9,241만 원, 50~59세는 6억 4,236만 원, 60세 이상은 5억 4,372만 원입니다.

소득과 자산, 부채를 비교해본 결과도 흥미롭습니다. 소득이 높거나 자산이 많으면 부채가 적을 거라는 생각은 착각입니다. 저금리 환경에서 은행 이자가 부담되지 않는다고 여기니 금융 소비자들은 가능한 한 많은 돈을 빌리고 싶어 합니다. 소득이 높고 자산이 큰 사람에게 금융기관은 돈을 더 많이 더 잘 빌려줍니다. 결과적으로 소득이 높고 자산이 큰 사람들은 더 큰 부채를 가지고 있습니다.

		부채	자산
소득 5분위별	1분위	1,716만 원	1억 7,188만 원
	2분위	4,508만 원	3억 9원
	3분위	7,657만 원	4억 3,790만 원
	4분위	1억 1,320만 원	6억 1,910만 원
	5분위	2억 637만 원	12억 910만 원

자산과 소득이 높아 더 많은 부채를 감당할 수 있다는 의미이기도 하지만, 많이 벌면 많이 쓴다는 사실을 단적으로 증명하는 숫자이기도 합니다.

위 표 가구 평균 자산을 참고로 우리 집이 자산이 많은지 적은지 판단할 수 있습니다. 소득 대비 자산이 적다면 평상시 돈 관리가 방만하다고 볼 근거가 됩니다. 또한, 어느 분위에 속하는지 알 수 있으므로 상대적인 부와 빈곤을 가늠할 수 있습니다.

성공도 실패도 정리하자

투자 결과를 정리하는 일은 정말 어렵습니다. 특히 성과가 좋지 않은 때에는 정리하기가 더 어렵습니다. 개별 투자의 결과로 전체적인 흐름이 망가졌을 때는 더더욱 정리하기가 어렵죠.

가령 월세 수입을 기대하고 상가를 샀는데 공실이 많아 자금이 장기간 묶였다거나 오르는 추세를 탔다고 생각해서 핫한 지역에 투자했는데 상투를 잡은 느낌이 든다면 정리하기가 더 싫어집니다. 이때는 실패의 원인 분석과 대안을 검토해 정리하는 것이 좋습니다. 이런 식으로 정리해 두면 개별 항목에 대한 실패를 반복하지 않겠다고 다짐하는 기회가 되고, 예상치 못했는데 중간에 나타난 변수를 다음번엔 고려하게 해줍니다. 더 중요한 것은 운 좋게 넘어간 위기를 살펴보게 해준다는 것입니다. 객관적인 숫자로 확인하는 정리, 매우 중요합니다.

재무상태표 (투자 전 예상)

20 년 월 일 현재

자산		부채	
		자본	

재무상태표 (투자 후 예상)

20 년 월 일 현재

자산	차이 금액	부채	차이 금액
		자본	**차이 금액**

연간 손익계산서 (투자 전 예상)

20 년 월 일 ~ 월 일

수입	
지출	
이익	

연간 손익계산서 (투자 후 예상)

20 년 월 일 ~ 월 일

수입		차이 금액	핵심 요인
지출		차이 금액	핵심 요인

이익		차이 금액	핵심 요인

실패의 원인 분석과 대안 검토			
구분	대안 1	대안 2	차기 투자 고려 요소
실패를 피할 수 없었는가?			
실패를 줄이기 위해서 지금 선택할 수 있는 대안			
추후 전망 기회비용			
매몰원가로 의사결정과 무관한 비용들			
손절 방안에 대한 외부의 조언			

    투자를 위해서 자산과 부채를 정리한 후에는 매월 나가는 수입과 비용도 정리해야 합니다. 감당할 수 있는 수준인지 살펴봐야 합니다.

    다시 강조하지만, 실행의 결과는 수치로 표시해야 합니다. 종전에 가지고 있던 재산이 투자 준비를 위해서 어떻게 바뀌고, 투자 후에는 어떻게 변할 수 있는지, 그리고 그 변화를 감당할 수 있는지 기재해야 합니다.

앞에서 제시한 재무상태표와 손익계산서 그리고 실패의 원인 분석과 대안을 검토해 정리, 이 정도는 꼭 기록으로 남겨야 합니다. 이 책을 다 읽고 나면 이 정도는 무리 없이 작성할 수 있을 것입니다.

옆집 언니 말고, 숫자를 보자

어떤 기업을 제대로 알기 위해서는 그 기업의 회계장부를 보고 분석하면 됩니다. 회계장부는 무의미한 숫자의 나열이 아니라 숫자 하나하나가 의미를 담고 있기 때문입니다. 이 기업이 우량한 기업인지, 경영에 어떤 위험요소가 있는지, 효율적으로 생산하고 있는지와 같은 다양한 질문에 숫자는 정확한 답을 하고 있습니다. 숫자가 말하는 것을 잘 분석하고 참고해서 경영자는 회사를 경영하고 주주는 투자를 결정합니다.

가정경제도 기업과 마찬가지입니다. 한 가정의 살림살이가 보여주는 숫자는 많은 질문에 대한 답을 가지고 있습니다. 단순히 아끼고 절약해야 한다는 신념을 유지하거나 더 많이 공부해서 똑똑한 소비자가 되는 것으로 가정경제를 운영하면 금세 한계에 부딪힙니다. 개인의 결심이나 능력은 상황에 따라 달라지며 지속 가능한 요소가 아니기 때문입니다.

불확실한 미래를 헤쳐가야 하는 우리에게 가장 확실한 의사결정의 근거는 다름 아닌 숫자입니다. 이제는 내 마음속 느낌이나 옆집 언니의 '카더라' 통신이 아니라 우리 집 재무제표 속 숫자를 봅시다. 답은 숫자가 알려 줄 것입니다.

최선의 답을 찾기 위해서는 필수적인 조건이 있습니다. 문제를 객관적이고 구체적으로 정리하는 것입니다. 자신만의 논리에 빠져 합리화하면 잘못된 결론을 내릴 수 있으므로 주관적이 아니라 객관적으로 문제를 봐야 합니다. 또한, 무엇이 문제의 원인이고 무엇이 현상인지 구체적으로 봐야 합니다. 추상적인 문제 파악은 추상적인 결론만 도출될 뿐입니다. 전문가에게 재무 상담을 받는 이유가 바로 문제를 객관적이고 구체적으로 파악하기 위해서입니다.

> 회알못 - 전세를 끼고 집을 사놓은 상황에서 만약 결혼하면 집을 어떻게 해야 할지 고민입니다.
> 택스코디 - 숫자를 가지고 문제를 구체적으로 파악하면 답은 금방 나옵니다. 지금 가진 돈으로 전세보증금을 돌려줄 수 없으니 집을 팔아 신혼집을 새로 구하든지 대출을 더 받아 그 집에 들어가든지 둘 중 하나입니다. 만약 후자를 선택한다면 대출 상환을 위해 상당 기간 맞벌이를 해야 할 수 있습니다.

돈 문제에서 가장 구체적이고 객관적인 지표는 숫자입니다. 숫자는 거짓말을 하지 않습니다. 없는 사실을 있는 것으로, 초라한 것을 화려한 것으로 꾸며낼 수도 없습니다. 엉뚱하게 자기 합리화를 하거나 보고 싶은 것만 보지도 않습니다. 돈 문제를 해결하기 위해서, 그리고 올바른 돈 관리를 위해서는 가정경제의 가장 확실한 증거인 숫자를 근거로 의사결정을 해야 합니다. 처음부터 숫자를 기반으로 의사결정을 한다면 쓸데없이 고민하느라 시간을 낭비할 가능성이 줄어들 것입니다.

왜, 맞벌이 부부가
돈 문제에 더 시달릴까?

맞벌이 부부라면 둘이 버니 돈도 더 많이 모을 수 있을 거라는 생각은 당연합니다. 그러나 현실은 그렇지 않은 경우가 많습니다. 배우자 육아휴직으로 외벌이 상태였다가 복직으로 맞벌이가 된 부부의 지출 현황을 보면, 맞벌이는 맞벌이라는 이유로 더 많이 지출할 수밖에 없는 함정에 빠진 것을 확인할 수 있습니다.

부부는 둘 다 소득이 안정적인 공무원이지만 30대 후반에 결혼해 마음이 조급합니다. 아이가 어릴 때 하루라도 빨리 내 집부터 마련해야 할 듯해 신도시의 38평 아파트를 분양받았습니다. 모자라는 1억 2,000만 원은 20년 만기로 대출을 받았습니다. 대출 원리금 상환으로 한 달에 80만 원이 들어가 부담은 되지만 육아휴직 중인 아내가 다시 직장에 다니게 되면 수입이 2배가 되니 충분히 감당할 수 있는 수준이라 생

	맞벌이 전	맞벌이 후	설명
주거비	190,000원	230,000원	더 넓은 집으로 이사를 하게 되어 관리비 부담 늘어남
식비/외식	300,000원	350,000원	외식비 5만 원 증가
교통비	270,000원	520,000원	아내도 차로 출퇴근, 유류비 증가
육아비	-	450,000원	어린이집/도우미
용돈	600,000원	1,000,000원	아내 용돈 30만 원 추가 부모 용돈 20만 원 인상
교제비	330,000원	530,000원	십일조 비용 증가
금융 비용	-	800,000원	대출 상환 발생
차 유지비	100,000원	200,000원	차 2대 유지(수리비, 보험료, 세금)
의류비	30,000원	60,000원	아내 의류비 증가
미용	20,000원	50,000원	아내 미용비 증가
세금	-	60,000원	집 소유로 세금 부담 발생(월 환산)
저축	141,000원	128,000	

각했습니다. 더군다나 둘 다 정년이 보장되는 공무원이라 20년이라는 대출 기간도 큰 문제가 없으리라 판단했습니다.

그러나 위 표를 보면 부부의 생각이 착각이었음을 알 수 있습니다. 아내의 출근으로 아이를 어린이집에 맡기고 가끔 도우미를 쓰는 등 육아비가 추가로 발생했습니다. 여기에 아이를 어린이집에 데려다주고 데려오기 위해 아내가 차로 출퇴근을 하면서 차가 2대가 됐습니다. 아내가 직장을 다니게 되면 발생하는 비용은 이뿐만이 아닙니다. 양가 부모님 용돈도 각 10만 원씩 총 20만 원을 올려드려야 합니다. 독실한 신자인 이 부부는 소득이 늘어나면서 십일조 금액도 늘어났습니다. 점심값, 기타 교제비 등 최소 20만 원의 아내 용돈도 필요합니다. 여기에 의류비, 미용비도 어쩔 수 없이 증가합니다. 내 집을 마련했다는 기쁨도 잠시, 좀 더 넓은 집으로 이사를 하는 바람에 관리비가 4만 원 늘어나고 대출금 상환으로 80만 원의 지출이 새로 생깁니다. 연간 2회 세금도 내야 합니다.

저축 가능 금액은 맞벌이 전이 141,000원, 맞벌이 후가 128,000원으로 오히려 외벌이었을 때가 더 큽니다. 물론 대출금 상환에서 원금 상환을 저축으로 간주하면 80만 원 중 50만 원은 저축으로 볼 수도 있습니다. 그러나 어린 자녀를 떼어놓고 직장에서 스트레스받아 가며 일하고, 살림하고, 대출금 갚아가면서 아등바등 살아야 하는 현실을 생각하면 그 보상은 초라하기 그지없습니다.

맞벌이는 수입이 2배라고 생각하다 기대만큼 늘어나지 않는 은행 잔고를 보면 허탈해하는 경우가 많습니다. 긴장하지 않는 소비생활, 과감한 투자, 맞벌이기 때문에 지출해야 하는 비용들 때문에 자산 상태, 현금 흐름 등에 많은 문제를 안고 있을 가능성이 큽니다. 게다가 돈 문제만으로 끝나지 않습니다. 대부분의 맞벌이 부부가 왜 수입이 많은데도 돈 문제에 시달리는지 모르는 채 힘든 현실에 불만을 가질 수 있습니다. 이럴 때 재무상태를 들여다보고 원인과 해결책을 찾으려는 노력이 필요합니다.

우리 집 재무제표부터
만들어 보자

재무목표를 설정한 후, 적합한 재무 설계를 하기 위해서는 재무적 정보와 비재무적 정보부터 수집해야 합니다. 정확하고 구체적인 자료를 수집하는 것은 성공적인 재무 설계를 위해 중요한 과정입니다.

회알못 - 재무적·비재무적 정보는 구체적으로 무엇인가요?

택스코디 - 재무적 정보는 소득, 지출, 자산, 부채, 보험, 세금, 개인 사업 관련 자료 등 정량적 자료를 말합니다. 은행 잔액 증명서, 투자거래서, 보험증권, 종합소득세 신고서 등과 같은 증명서나 거래 내역서를 활용해서 정확하게 수집하는 것이 필요합니다.

비재무적 정보는 가족 사항, 라이프스타일, 고용 관련 사항, 건강, 투자성향, 개인 재무설계 관련 경험, 지식, 태도 등 정성적 자료를 말합니다. 개인이 처한 상황이나 특성에 따라 재무설계안이 달라져야 하므로 비재무적 정보까지 반영해서 실행계획을 수립하는 것이 중요합니다.

회알못 - 다음에는 무엇을 해야 하나요?

택스코디 - 자료가 수집되었다면, 이번에는 현재의 재무상태를 객관적으로 분석하고 평가해야 합니다. 이를 위해 재무상태표 (자산부채상태표)와 현금흐름표를 작성합니다.

재무상태표 (자산부채상태표)

재무상태표는 일정 시점에서 개인(가계)의 재무상태를 보여주는 표입니다. 왼쪽에 자산 항목을 기록하고, 오른쪽에 부채와 순자산을 기록합니다. 자산은 금융자산(현금성 자산, 금융투자자산)과 실물자산(부동산, 개인사용자산)으로 나누어 기록하고, 부채 항목은 주로 상환 기간에 따라 구분(단기, 장기)하여 기록합니다. 순자산은 총자산에서 총부채를 뺀 금액을 말합니다. 재무상태표에서 왼쪽 총자산 금액과 오른쪽 총부채와 순자산의 합계 금액은 항상 같아야 합니다.

재무상태표를 통해 재무상태가 얼마나 안정적인지, 어느 한 종류의 자산에 편중되어있는 것은 아닌지, 부채의 목적은 무엇이며 장단기 부채의 분배는 어떠한지 등을 파악할 수 있습니다.

재무상태표 (예시)			

자산		부채와 순자산	
항목	금액	항목	금액
현금성 자산		단기부채	
수시입출금식예금	500만 원	신용카드 잔액	200만 원
CD(만기 6개월)	500만 원	마이너스통장	800만 원
소계	1,000만 원	소계	1,000만 원
금융투자자산		장기부채	
정기적금	1,000만 원	주택담보대출 잔액	1억 원
주식	500만 원	자동차할부 잔애	200만 원
적립식 펀드	1,000만 원	학자금대출 잔액	300만 원
연금저축	500만 원	소계	1억 500만 원
소계	3,000만 원	총부채	1억 1,500만 원
부동산 자산			
거주아파트	2억 5,000만 원		
소계	2억 5,000만 원		
개인용 자산			
자동차	1,000만 원		
소계	1,000만 원		
		순자산	1억 8,500만 원
총자산	3억 원	총부채 + 순자산	3억 원

다음 사항을 체크해 봅시다.

- 총자산과 비교하여 부채는 적정한 수준인가?
- 금융자산과 실물자산의 비중은 적절한가?
- 부동산에 치중되지는 않았나?
- 안전성, 수익성, 유동성을 고려할 때, 금융자산의 구성은 적절한가?
- 부채의 규모와 용도는 적절한가?
- 장 단기부채는 상환할 수 있는 수준인가?

현금흐름표

현금흐름표는 일정 기간(월 또는 연) 동안 개인(가계)에게 발생한 자금의 흐름을 보여주는 표입니다. 왼쪽에는 유입된 모든 금액을 기록하는데, 종류별 소득뿐 아니라 대출받은 금액도 표기합니다. 오른쪽에는 유출(지출)한 모든 금액을 기록하는데, 지출은 고정지출과 변동지출로 나누어 표기하고, 저축과 투자한 금액도 적어야 합니다. 그래서 왼쪽의 총유입액과 오른쪽의 총유출액은 일치해야 합니다.

현금흐름표를 통해 소득원천이 적절한지, 생활비가 적절하게 지출되고 있는지, 개선할 사항은 없는지, 추가적인 저축, 투자 여력이 있는지 등을 파악할 수 있습니다.

다음 사항을 체크해 봅시다.

부자가 되려거든 기록하라

현금흐름표 (예시)			
			2023년 1월 1일~12월 31일
유입		유출	
항목	금액	항목	금액
근로소득		저축 및 투자	
본인 근로소득	3,000만 원	정기적금	300만 원
배우자 근로소득	2,500만 원	적립식 펀드	400만 원
소계	5,500만 원	연금저축	300만 원
재산소득		소계	1,000만 원
이자	200만 원	고정지출	
소계	200만 원	국민연금 등 사회보험료	510만 원
기타 현금 유입		세금	100만 원
대출(마이너스 통장)	800만 원	대출 상환액	1,300만 원
소계	800만 원	보장성보험료	290만 원
		소계	2,200만 원
		변동지출	
		식료품 및 외식비	800만 원
		교육비	600만 원
		교통비	200만 원
		통신비	200만 원
		주거·수도·광열비	240만 원
		의류·신발 구입비	260만 원
		기타생활비	800만 원
		소계	3,100만 원
총유입	6,500	총유출	6,500만 원

- 총소득에서 총지출이 차지하는 비중은 적당한가?
- 소득원은 다양하고, 소득 규모는 적절한가?
- 고정지출과 변동지출의 항목은 적절한가?
- 변동지출에서 줄일 수 있는 항목은 무엇이 있는가?
- 총소득 대비 총저축, 투자금액은 적절한가?
- 저축과 투자 유형별 금액은 적절한가?

2

우리 집 투자 올바른가?

재테크 이론과 현실은 다르다

시중에 나와 있는 재테크 책을 보면 한결같이 몇 가지 투자 원칙을 강조하며 이를 지켜야 투자에 성공할 수 있다고 주장합니다. 전혀 틀린 말은 아니지만, 문제는 이를 실천하기에는 많은 장애물이 있어 현실성이 떨어진다는 점입니다.

투자할 때마다 각각의 자금에는 이름표가 붙어 있어야 합니다. '개인연금은 20년 후 생활비로 사용할 자금이고, 적립식 펀드는 자녀 결혼이나 중병이 발생했을 때를 준비한다'라는 식입니다. 분명한 사용처와 함께 투자 기간도 명확해야 합니다. 투자 기간이 명확해야 철저한 계획과 실천이 가능해지기 때문입니다.

투자 기간을 지키는 원칙은 이에 맞는 투자상품을 선택하라는 설명으로 이어집니다. 장기간 투자가 가능한 상품은 보험, 중기는 펀드나

부자가 되려거든 기록하라

주식, 단기는 예·적금을 활용하라는 식입니다.

물론 이렇게 포트폴리오를 짜는 게 가장 합리적인 것은 맞습니다. 그러나 현실에서는 아무리 정해진 투자 기간을 지키고 싶어도 돈 쓸 일이 수시로 발생하므로 처음 생각했던 계획을 지킬 수 없습니다. 개인의 씀씀이나 의지의 문제가 아니라 계속해서 돈을 써야만 하는 현실 때문입니다.

사회 초년생부터 독립 자금, 결혼 자금이 필요하고, 결혼하고 난 뒤에도 전세보증금을 올려주거나 대출금을 갚아야 하는 등 꾸준히 돈이 필요합니다. 차도 바꿔야 하고, 아이가 태어나고 자라면서 양육비, 교육비가 계속 들어갑니다. 그렇다면 당장 다음 달 결혼해야 하고, 집주인이 전세금을 올려달라고 하고, 부모님이 병원에 입원해 병원비가 필요한데 노후연금을 깨지 않고 유지할 수 있을까요? 아이들 대학 학비로 모아두고 있는 펀드, 집을 사려고 하니 돈이 모자라는 데 대학 입학 때까지 이 펀드를 유지할 수 있을까요?

처음에 정한 목적과 기간 그대로 투자상품을 유지하라고 말하는 전문가는 살림을 살아보지 않았거나 애초에 돈이 많아 돈 걱정은 안 해도 되는 사람일 것입니다.

"어떤 투자 대상도 장기간에 걸쳐 꾸준히 높은 수익률을 보장하지는 못합니다. 따라서 자산을 적절히 분산하면서 동시에 꾸준히 관리해야 합니다. 분산해서 투자한 후 상항 변화에 따라 투자 비중을 적절히 조절해야 안정적이고 높은 수익률을 확보할 수 있습니다."

재테크 전문가들이 공통해서 하는 말입니다. 장기간에 걸쳐 높은 수익률을 보장하는 투자 대상은 없다는 말은 100% 맞는 말입니다. 주식, 금, 달러, 채권 등 존재하는 모든 투자 대상은 오르내림을 반복하므로, 자산을 여러 군데 분산해 놓아야 위험은 줄이고 수익은 꾸준히 챙기는 게 가능하다고 말합니다.

그런데 대부분 사람은 막상 자산을 분산해서 포트폴리오를 구성하려고 보니 가진 돈이 별로 없다는 초라한 현실을 맞닥뜨립니다. 원금이 적으면 수익도 적습니다. 시간과 노력을 들여 어디에 얼마를 분산해 투자해야 하는지 공부하고 고민할 만큼의 원금은 있어야 하지 않을까요.

분산 투자를 통해 수익률은 낮아도 안정적으로 자산을 불릴 수 있는 사람은 가진 원금이 큰 고액 자산가들입니다. 원금이 적은 상황에서 개미들은 몰빵, 단타, 상한가 따라잡기 같은 '모 아니면 도' 식의 일확천금을 노립니다. 어찌 보면 부자가 되기 위한 당연한 선택입니다. 작은 원금으로 분산 투자를 하면 (물론 예·적금보다 높은 이익을 얻을 수 있을지 몰라도) 자산이 획기적으로 증가하는 일은 일어날 수 없습니다.

전문가의 투자 수익률이
시장 평균에도 미치지 못한다?

"나는 하루에 2시간 이상 신문과 잡지, 서적 등을 보며 경제와 기업, 소비 패턴 등의 변화를 감지하고 그 의미를 해석하는 것을 습관화 했다. 그리고 이를 실전 투자에 적용했다."

어느 재테크 책 한 부분입니다. 좋은 말처럼 들리지만, 과연 평범한 우리가 실천할 수 있을까요. 대부분 사람은 긴 노동 시간에 시달리며, 가족과 함께하는 시간조차 쉽게 허락되지 않는 현실입니다. 그런데 하루에 2시간 이상을 재테크 공부에 할당하라는 건 비현실적 요구가 아닐 수 없습니다. 백번 양보해서 그렇게 공부했다고 합시다. 그렇게 하면 정말 부자가 될까요? 하루에 2시간이 아니라 온종일 공부해서 돈을 버는 방법을 알 수만 있다면 공부 안 할 사람이 있을까 싶습니다. 공부해서 부자가 될 수 있다면 공부가 직업인 교수들은 모두 엄청난 자산

가가 돼 있어야 합니다.

늘 투자만 생각하고 연구하는 전문가들도 성공보다 실패하는 사람이 더 많은 게 투자의 세계입니다. 하물며 전업도 아니고 부업이나 투잡 개념으로 투자에 성공할 수 있다고 생각하는 건 무모한 욕심 아닐까요.

고려해야 할 점은 또 있습니다. 재테크 공부에 에너지와 시간을 쏟아야 한다면 그만큼을 다른 부분에서 희생해야 합니다. 내가 누려야 하는 휴식과 여유, 가족·친구·연인과의 관계와 사랑은 그만큼 희생되어야 합니다. 본업에 소홀해지는 것도 무시할 수 없습니다. 내가 희생해야 할 것들을 내가 기대할 수 있는 수익과 기꺼이 맞바꿀 수 있는지도 생각해 봐야 합니다.

회알못 - 그럼 전문가를 활용하면 되지 않을까요.

택스코디 - 본인 지식이 부족하다면 전문가를 활용하는 것도 좋은 방법입니다. 이들은 다양한 지식을 보유하고 있습니다. 금융기관에 소속된 전문가들은 일반적인 전문가보다 금융지식 수준이 높다는 장점이 있습니다. 금융이 복잡하고 어려워질수록 자신의 한계를 인정하고 전문가를 활용하는 것이 필요합니다.

금융기관은 투자를 직업으로 하고 이론적 배경에 실전 경험까지 두루 갖춘 전문가들의 집단입니다. 주식투자를 하고 싶은데 자신이 없다면 전문가들이 만들어 놓은 펀드에 가입하면 됩니다. 소비자는 펀드에 돈을 납입하고 전문가는 이 돈으로 자신의 능력과

부자가 되려거든 기록하라

지식을 활용해 투자 수익을 만들어 소비자에게 돌려줍니다. 이론적으로만 보면 훌륭한 분업체계이자 효과적인 투자 방법입니다. 그렇다면 실제 투자 결과는 어떨까요?

전문가의 투자 수익률이 시장 평균에도 미치지 못한다는 증거는 사실 차고 넘칩니다. 주식형 펀드 수익률이 코스피 평균을 따라가기도 벅찹니다.

프린스턴대학의 버튼 멜키엘 교수는 그의 저서에서 눈을 가린 원숭이가 고른 포트폴리오가 전문가들이 고심하여 구성한 포트폴리오보다 낫다고 주장했습니다. 월스트리트는 이에 관한 실험을 했습니다. 원숭이 역할을 맡은 사람이 눈을 가리고 다트를 던져서 고른 대로 포트폴리오를 만들고, 전문가들은 전략을 세워 포트폴리오를 만들어 주식 투자를 했습니다. 1988년부터 2002년까지 이 게임을 지속해본 결과는 놀랍게도 원숭이가 더 우세했다는 사실을 기억할 필요가 있습니다.

복리효과,
과연 마법일까?

"가격이 오르내리는 것에 연연하지 않고 장기투자를 하면 복리의 마법을 누릴 수 있습니다. 복리는 이자에 이자가 붙는 것으로, 아인슈타인은 복리가 세계 여덟 번째 불가사의라는 명언을 남겼습니다. 1억 원을 연 12% 수익률로 30년간 투자한 사람과 1년 늦게 투자를 시작해 29년간 투자한 사람은 30년 후 무려 3억 2,000만 원의 차이가 발생합니다. 나이가 젊다는 것은 이런 복리효과를 최대한 누릴 수 있다는 장점이 있습니다. 하루라도 빨리 투자합시다."

전문가의 입을 통해 많이 들었던 말이죠. 복리는 장기 적립을 해야 하는 보험상품이나 주식투자를 권유받을 때 가장 흔하게 듣는 말입니다. 장기투자의 성공은 복리효과를 바탕으로 합니다. 복리효과는 이자에 이자가 붙어, 원금이 기하급수적으로 불어나는 현상을 일컫는 말로,

투자와 저축을 설명할 때 빠지지 않고 등장하는 이론입니다. 물론 산술적으로만 보면 복리의 힘은 큽니다. 그러나 투자의 세계에 복리효과를 적용하는 건 투자의 불확실성과 변동성이라는 속성을 무시하는 순진한 발상입니다.

그럼 1,000만 원을 갖고 다음 네 가지 방법으로 장기투자를 해봅시다.

1. 연 5%의 고정 수익률
2. 투자 첫 번째 연도는 20% 이익, 두 번째 연도는 10% 손해
3. 첫 번째 연도는 50% 이익, 두 번째 연도는 40% 손해
4. 매년 10% 이익, 10년마다 50% 손해

1번, 2번, 3번은 산술 평균으로 연 5% 수익이 나는 상황을 가정한 것입니다. 1번은 고정 금리로 변동성이 제로지만, 나머지는 모두 투자 결과에 따라 수익률이 달라지는 변동성이 존재합니다. 조건들만 보면 산술 평균으로 1년에 5% 수익이지만, 투자 결과는 생각과는 전혀 다른 양상을 보여줍니다.

2번을 보면 이익과 손해를 반복하면서 조금씩 원금이 커지는 것을 확인할 수 있습니다. 그러나 20년이 되는 시점에 이르러서는 오히려 1번보다 수익률이 떨어져 30년 후 원리금 합계가 3,200만 원입니다.

3번은 참담합니다. 10년째부터는 수익은 고사하고 원금을 까먹기 시작해서 20년째는 원금이 반으로 줄어듭니다. 30년째가 되면 원금의 1/3인 310만 원으로 확 쪼그라듭니다.

4번은 10년까지는 가장 월등한 수익률을 보이지만, 10년째마다 50% 손해를 보니 마지막 30년째는 1,600만 원 정도로 끝납니다.

1번이 바로 전형적인 복리효과를 보여주는 예로 30년 후 1,000만 원은 약 4.5배인 4,500만 원 정도가 됩니다. 이 결과를 통해 우리는 수익률에 가장 큰 영향을 미치는 요소는 변동성이라는 사실을 알 수 있습니다. 특히 장기투자를 할수록 변동성의 역할은 매우 커집니다. 높은 수익률로 불려놓은 원금이 커질수록 시장 하락으로 손해 보는 돈도 그만큼 커지기 때문입니다.

3번이 가장 낮은 수익률을 보인 이유도 +50%에서 -40%에 이르는 높은 변동성이 그 원인입니다. 이런 경우 많이 벌고 많이 잃는 일이 반복되면서 결국 원금이 반 토막 나는 것입니다.

> 회알못 - 수익률에 가장 큰 영향을 미치는 요소는 변동성이라는 사실은 이해했습니다. 그런데 4번의 경우는 일반적인 예시가 아닌 것 같습니다.
>
> 택스코디 - 4번과 같이 10년마다 -50%가 되는 상황이 극단적인 예라고 반박할 수도 있지만, 우리는 이미 1998년 외환위기와 2008년 금융 위기를 통해 10년마다 한국 주가가 반 토막 나는 상황을 겪어왔습니다.

복리가 마법이 되기 위해서는 첫째, 수익률(또는 이자율)에 변동성이 없어야 하고, 또 그 수익률이 높아야 합니다. 그러나 변동성이 없는 상

부자가 되려거든 기록하라

품은 당연히 수익률, 즉 이자율이 낮습니다. 이자율이 낮다면 30년 복리로 돈을 불린다고 해도 그 효과는 미미합니다. 세상에는 변동성도 없고 이자도 높은 금융상품은 존재하지 않습니다. 그렇다면 복리의 마법은 금융업계가 만들어낸 판타지 아닐까요. 장기투자, 그것도 아주 긴 시간 돈을 묶어두어야 한다는 건 돈 쓸 일이 계속 발생하는 현실에서는 비현실적인 이야기입니다.

우리 뇌는
투자에 적합하지 않다

주식 투자가 쉽지 않은 가장 큰 이유는 우리 인간의 뇌가 주식투자에 적합하지 않아서입니다. 뇌에서 일어나는 여러 가지 편향과 착각은 특히 투자 행위에서 오류를 일으킵니다. 대표적인 심리적 편향과 이로 인해 발생하는 실수는 다음과 같습니다.

1. 과잉확신 편향

겉으로 겸손한 척해도 우리는 남보다 잘났다고 생각합니다. 잘나지는 않아도 적어도 평균 이상이라고 여깁니다. 당신 운전 실력이 남들과 비교하면 어느 정도냐고 물어보면, 80% 이상이 평균 이상이라고 답합니다. 그러나 평균 이상의 실력인 운전자는 50%를 넘을 수 없습니다.

일상에서 이런 자신감은 자신을 비하하는 것과 비교해 훨씬 긍정적인 역할을 합니다. 그러나 투자의 세계에서는 다릅니다. 근거 없는 자신감은 자신이 선택한 종목에 대한 집착으로 변질되어 나타납니다. 한국 개인 투자자 중 1~2개 종목만 보유하는 투자자의 비율이 전체의 60%라고 합니다. 이는 과잉확신 편향의 증거입니다. 자신이 선택한 종목이 오른다는 확신이 있으니 1~2개만 보유하는 것입니다. 이렇게 선택한 종목에 집착하면, 손해를 보는 중에도 쉽게 정리하지 못하고 손해를 키우게 됩니다.

2. 인지 부조화

새롭게 알게 된 정보가 기존에 믿었던 정보와 상반되는 경우 느끼는 심리적 불편함을 인지 부조화라고 합니다. 어떤 대상에 긍정적인 마음을 가지고 있으면 설령 실망하는 일을 목격하더라도 이를 무시하거나 애써 미화하게 됩니다. 인지 부조화로 인한 심리적 불편함을 해소하기 위해서입니다.

투자할 때도 그렇습니다. 인지 부조화는 과잉확신 편향과 짝을 이뤄 잘못된 판단을 만들어냅니다. 자신이 잘못된 의사결정을 했다고 인정할 때 겪는 정신적 고통을 피하고 싶어 자꾸만 이유를 대고, 심지어 하락해서 손해를 보고 있는 종목을 물타기 한다며 추가 매수하기도 합니다.

심리학자 레온 패스팅거는 "인간은 합리적인 존재가 아니라 합리화하는 존재다"라고 했습니다. 합리화를 하는 존재인 인간이 합리적으로 종목을 선택한다는 건 참으로 힘든 일 아닐까요?

3. 손실 회피 편향

인간은 손실을 확정 짓기를 무엇보다 싫어합니다. 이를 손실 회피 편향이라고 합니다. 같은 금액이라도 이익보다 손실에 더 민감하게 반응하는 것이 인간입니다. 예를 들어 길에서 5만 원을 주웠을 때 느낄 수 있는 기쁨의 크기를 상상해 봅시다. 내 돈 5만 원을 잃어버렸을 때 느끼는 슬픔의 크기도 상상해 봅시다. 분명 슬픔의 크기가 더 클 것입니다. 손해에 대한 감정의 크기가 이익보다 2.5~3배 크다고 하니 손해를 피하고 싶어 하는 인간의 본능을 짐작할 수 있습니다.

손실 회피 편향은 손해 보고 파는 행위, 즉 손절매를 어렵게 만든다는 점에서 투자의 가장 큰 적입니다. 주식투자의 제1원칙은 손절매를 잘하는 것이라고 합니다. 정해진 기준, 가령 '10% 하락하면 판다'라는 이 간단한 원칙을 지키기가 어려운 이유는 손해 보기 싫어하는 인간의 본능을 거스르는 일이기 때문입니다.

손실 회피 편향은 주가가 조금 올랐을 때 서둘러 매도해서 이익을 확정하고자 하는 경향도 가져옵니다. 이를 처분 효과라고 합니다. 만약 이익이 나는 가게 A와 손해가 나는 가게 B를 소유하고 있다면 우리는 당연히 B를 처분합니다. 그런데 주식이라면 상황은 달라집니다. A가 10% 상승, B는 10% 하락인 상황에서 하나를 팔아야 한다면 대부분 A를 팔고 B를 보유합니다.

주식투자를 할 때 많이 하락하는 종목은 본전 생각으로 계속 보유하고 계속 상승할 만한 종목은 서둘러 매도하는, 즉 이익에 반하는 매매 패턴을 보이는 것이 바로 손실 회피 편향과 처분 효과가 같이 나타난 결과입니다.

4. 기준점 편향

합리적 사고 과정 없이 특정 숫자에 닻을 내리고 이를 기준으로 판단하는 현상을 기준점 편향이라고 합니다.

100만 원을 주식에 투자했는데 200만 원이 됐다고 합시다. 이때 사람들의 판단 기준점은 원금 100만 원이 아니라 200만 원입니다. 이 시점에서 과연 팔 수 있을까요? 팔고 나서 더 오르면 손해라는 생각에 팔기 어렵습니다. 만약 팔았는데 200만 원 이상이 되면 100만 원을 벌었다고 생각하지 않습니다. 이미 기준은 200만 원이 되었으므로 손해라고 생각하는 것입니다.

만약 이 주식이 150만 원이 되었다면, 팔 수 있을까요? 이때는 50만원 손해라고 생각하고 팔지 못합니다. 실은 50만 원 이익인데도 말이죠. 그런데 이 주식이 70만 원으로 떨어진다면? 더더욱 팔지 못합니다. 원금 이하로 떨어졌으니 팔게 되면 30만 원 손실을 확정 짓게 됩니다. 그래서 손절매는 고사하고 오히려 추가 매수를 하거나 언젠가는 오르겠지 하는 심정으로 장기 보유합니다.

기준점 편향과 손실 회피 성향이 합쳐지면 이렇게 투자 실패로 가는 전형적인 유형이 나타납니다. 오르면 더 오를 것 같아 못 팔고, 떨어지면 손해 보기 싫어서 못 파는 전형적인 투자 패턴이기도 합니다.

어떻게 질문해야 하나?

가지고 있는 자산 중에 가장 소중한 것을 물어보면, 대부분 부동산이라고 답합니다. 집이나 전세금 같은 자산이 가장 크다고 생각하는 사람이 많습니다. 그런데 놀랍게도 가장 중요한 자산은 '나 자신'입니다. 상징적인 표현이나 철학적인 의미를 담은 말이 아닙니다. 그냥 돈으로 평가해도 그렇습니다.

예를 들어 연봉 6천만 원을 받는 직장인이라면 매달 500만 원의 수익을 내는 것입니다. 보통 예금의 세후 금리를 2%라고 가정해도 30억 원짜리 예금통장과 가치가 같습니다. 월세 500만 원이 나오는 상가와 가치가 같습니다.

이처럼 월급의 가치는 강력합니다. 주기적으로 들어오고, 예상도 되며, 별다른 위험도 없는 수익입니다. 나의 노동이라는 죽을 것 같은 손실이 들어가기는 하지만, 투자 위험에서는 정말 위험도가 낮은 확실한 투자입니다. 이런 베이스캠프가 있는 사람과 없는 사람은 다릅니다.

안정적이고 확실한 현금을 승부의 베이스캠프로 삼아야 합니다. 이런 베이스캠프가 있으면 이자를 감수하고 부채를 만들 수도 있고, 투자에 실패해 무일푼이 되어도 다시 일어설 수 있습니다. 베이스캠프는 안전한 곳에 튼튼하게 지어야 합니다. 가치가 손상되지 않도록 지켜야 하는 것을 넘어 가치가 더욱 상승하도록 갖은 노력을 다해야 합니다. 내 연봉이 1억 원으로 오른다면 난 50억 원이 든 예금통장의 가치를 갖는 것입니다.

회사에 다니고 있을 때, 왕성한 사회 활동을 하고 있을 때 투자할 것을 저는 강력히 추천합니다. 이유는 간단합니다. 실패해도 회복할 수 있기 때문입니다. 그리고 무엇보다 도움을 줄 사람이 많기 때문입니다.

"어느 지역이 유망한가요?"

"어떤 종목이 좋습니까?"

이런 식으로 많이 질문합니다. 이렇게 질문하는 건, 투자 조언을 구하는 질문으로는 빵점입니다. 시장 상황은 날마다 바뀌고 가격도 변합니다. 더욱이 내가 이야기하는 시점과 듣는 사람이 투자하는 시점에도 차이가 납니다. 규모도 다릅니다. 투자할 여력도 없는 사람에게 100억 원짜리 건물을 추천하면 기분이 어떻겠습니까? 목적도 다릅니다. 인생은 한 방이라고 생각하는 사람 또는 은행에서 돈을 빌리면 잠을 못 자는 사람에게 어떻게 조언을 할 수 있을까요?

> 회알못 - 그럼 어떻게 질문해야 하나요?
>
> 택스코디 - 다음처럼 하면 좋습니다.

예산 → 목표 → 예상 투자안 → 사전 조사

"지금 오피스텔을 하나 보고 있는데 나중에 월세라도 받으면 도움이 될까 하고 고민 중입니다. 제 돈 3억 원에 대출도 1억 원 정도 부담해야 할 것 같은데, 괜찮을까요?"

수익률을 목표로 하는 투자임을 분명히 했고 대출 규모와 목표 수익까지 알고 있으니, 그 동네 공실 가능성이나 공급 전망 등을 기준으로 투자에 대해 도움을 줄 수 있습니다. 하지만 다음과 같은 질문은 아주 좋지 않습니다.

"제가 울산 사는데, 집 팔아야 할까요?"

조언을 얻기에 나쁜 질문입니다. 이유는 울산 집값이 오를지 떨어질지에 대한 시장의 대략적인 예측은 이미 존재합니다. 질문한 사람도 잘 압니다. 그러면서도 예측보다 더 오를지 내릴지 궁금해서 질문한 거라면, 이 부분은 누구도 알지 못합니다. 또는 세금 때문에 부산 집과 울산 집 중 한 군데를 처분해야 하는 상황일 수도 있겠죠. 그럴 때는 정보를

부자가 되려거든 기록하라

솔직하게 다 공개하고 질문해야 합니다. 둘 중 어떤 것을 팔아야 하는지는 각각의 세금 문제를 검토해서 비교해봐야 하기 때문입니다.

투자하려는 이유, 생각과 대안이 모두 담길수록 더 구체적인 도움을 받을 수 있습니다. 부동산의 대가는 주말마다 현장을 방문하면서 자금 때문에 투자를 못 해서 안타까웠던 물건들을 알고 있기 마련입니다. 질문이 구체적이고 목적이 명확하면 조언을 하기도 쉽습니다. 그러면 질문한 사람도 목표를 이룰 확률이 커집니다.

2장

숫자를

쩌라

1

우리 집 손익계산서를
기록하자

손익계산서, 쉽게 써보자

'분산 투자하라'라고 하는데 분산할 돈이 없습니다. '우량 종목에 장기 투자하라'라고 하지만 그 우량 종목이 무엇인지 모릅니다. 투자 공식은 그럴듯해 보이지만 종잣돈이 없는 서민에겐 공허한 메아리일 뿐입니다. 누구나 부자가 될 수 있다고 하지만 주변을 둘러보면 수많은 실패담만 가득합니다.

부자들과 출발선이 다른 '평범한 우리 집'에서 먼저 돌아봐야 할 것은 나가고 들어오는 숫자들입니다. 자신의 수입을 아는 사람보다 모르는 사람이 훨씬 많다는 점이 놀랍지 않나요. 재테크의 기본은 자신의 고정 수입과 변동 수입을 구분하고 변동 수입의 종류와 금액까지 고려해 지출과 저축 계획을 세우는 것입니다. 기업들만 재무제표가 필요한 것이 아닙니다. 돈의 흐름을 살피려면 우리 집 손익계산서, 재무상태표도 쓸 줄 알아야 합니다.

먼저 손익계산서는 수익에서 비용을 뺀 이익을 구하는 표입니다. 쉽게 말하면 번 돈에서 쓴 돈을 빼고 남은 돈을 정리한 표입니다.

여기서 많은 착각을 합니다. 당신의 작년 연봉은 얼마였나요? 얼마나 벌었는지는 아마 알고 있을 것입니다. 문제는 쓴 돈입니다. 작년에 노트북을 하나 샀다고 가정해 봅시다. 이건 쓴 돈입니까? 아닙니까?

써버렸다고 생각하면 남은 돈이 줄 것이고, 아니면 남은 돈이 늘어날 것입니다. 이 관점은 매우 중요합니다. 소비는 없어지는 것이고 투자는 남는 것이기 때문입니다.

부자들은 대체로 앞으로 가격이 더 오를 물건을 삽니다. 부자들이 사는 그림은 가격이 더 오르고, 명품은 시간이 지나도 가치가 떨어지지 않습니다. 그런데 내가 돈을 주고 샀지만 가치가 떨어졌다면 계속 비용으로 잡아야 합니다. 차를 샀는데 1년이 지났다면, 중고차로 팔 때의 가치를 계산해서 비용으로 잡아야 합니다. 노트북을 샀다면 중고로 팔 때의 가치를 뺀 금액만큼이 손실입니다. 그만큼은 쓴 돈으로 잡아야 합니다.

회알못 - 우리 집 손익계산서 작성법은요?

택스코디 - 손익계산서를 적는 방법도 간단합니다. 다음 두 가지 원칙만 지키면 됩니다.

- 번 돈을 수입으로 쓴다
- 지출한 금액을 쓴다

이때도 주의할 점이 있습니다. 다음과 같습니다.

• 자세하게 쓴다: 매달 나가는 돈의 가짓수는 정말 많습니다. 카드 대금 명세서를 받을 때마다 놀라고 매번 당황스럽죠. 하나하나 살펴보면 내가 쓴 게 맞습니다. 가짓수야 그렇다 쳐도 금액이 이렇게 크지는 않을 것 같은데 다 더해보니 정말 맞습니다. 내가 어디서 어떻게 쓰는지 알아야 합니다. 가령 'OO 카드 몇만 원' 이런 식으로 정리한다면 정리하지 않은 것과 같습니다. 항목별로 최대한 자세히 써야 합니다.

• 매달 적을 필요는 없다: 이 일을 왜 하는지 생각해보면, 어디에 얼마만큼 쓰는지 살펴보기 위해서입니다. 그러니 대략 3개월 간격으로 쓰면 됩니다. 3개월 정도 꼼꼼히 살펴보면 자신이 돈을 어디에 쓰고 있는지, 또 그 비용이 타당한지 알 수 있습니다. 근본적인 부분을 바꿀 생각은 하지 않고 '다음 달에는 외식을 줄여야지' 하고 넘어간다면 다음 달에도 비슷한 처지입니다. 의욕만 가지고는 나가는 돈을 절대 줄일 수 없습니다.

다음은 월간 손익계산서 예시입니다.

부자가 되려거든 기록하라

월간 손익계산서	

2023년 1월 1일~1월 31일

수입	
월급	2,600,000만 원

지출	
식대	297,848원
친구와 저녁	31,350원
옷, 신발	108,310원
월 관리비	169,870원
물품 구매	52,900원
병원비	68,250원
유류비 등	164,500원
인터넷, 핸드폰	125,683원
극장, 도서	87,000원
학원비	300,000원
자동차 할부금	315,500원
대출이자	119,543원
세금 공과금 등	159,246원
경조사	150,000원
부모님 용돈	200,000원
소계	2,350,000원

저축	
월 저축	250,000원

손익계산서에 써야 할
항목은 무엇일까?

기업에서 손익계산서란 매출과 비용을 분석해놓은 것이며, 손익분기점은 수익과 생산 비용, 즉 원가가 교차하는 지점입니다. 우리 집에도 비슷하게 적용해볼 수 있습니다. 기업의 매출은 가정에서는 수입이고, 원가는 비용 또는 지출이며, 벌어들인 돈에서 쓴 돈을 뺀 나머지를 이익으로 볼 수 있습니다.

손익계산서는 기업에서 사용하는 가장 기본적인 회계장부이며, 얼마를 벌어서 어디에 얼마를 썼는지 알 수 있습니다. 단순하게 이익이 얼마라고 기록하는 게 아니라 매출과 원가, 이익을 단계별로 나눠 파악합니다.

화장품을 만드는 회사를 예로 들어봅시다. 해당 기간에 화장품을 만들어 판 총 판매 금액이 매출액입니다. 화장품을 만드는 데 들어간 재료비는 매출원가로 잡습니다. 매출원가는 화장품을 많이 만들수록 비례해서 커지는 원가입니다. 매출에서 매출원가를 뺀 것이 바로 매출총이익입니다.

- 매출총이익 = 매출 – 매출원가

매출총이익에서 판매비와 관리비를 빼는데, 이는 화장품을 생산하지 않아도 반드시 들어가는 원가, 즉 공장 임대료나 직원 임금, 기타 회사 운영을 위한 관리비를 의미합니다. 매출총이익에서 판매비와 관리비를 빼고 난 이익이 영업이익입니다.

- 영업이익 = 매출총이익 – 판매비와 관리비

만약 이 회사가 건물을 가지고 있어 임대료 수익이 있다면 영업이익에 영업 외 수익으로 더해줍니다. 만약 은행에서 돈을 빌려 갖고 있다면 영업 외 비용이므로 수익에서 이를 뺍니다. 그러면 법인세비용 차감 전 순이익이 되고, 여기서 법인세를 빼면 드디어 당기순이익이 산출됩니다.

- 당기순이익 = 영업이익 ± 영업 외 수익(비용) – 법인세

기업의 손익계산서를 가정경제용으로 쓰기에는 무리라 그대로 쓸 수는 없지만, 기본 개념은 비슷하게 만들어 사용할 수 있습니다. 다음 페이지의 표는 가정용 손익계산서에 들어갈 내용입니다.

항목	설명
고정 수입	매월 고정적이며 확정적으로 들어오는 수입
필수 지출	반드시 해야만 하는 지출로 통상 고정 비용과 먹고사는 지출(식비와 생활용품)을 합한 지출
부채 상환	이자와 원금을 포함하여 각종 부채를 상환하는 지출
최대 잉여금	필수 비용과 부채 상환을 제외한 잉여자금 (고정 수입 – 필수 지출 – 부채 상환)
변동지출	고정 비용이 아닌 지출 (일반적으로 더 나은 생활을 위한 성격의 지출)
기부금	가정생활비와 관련 없이 사용하는 지출
실제 잉여금	고정 소득에서 실제 지출한 돈을 빼고 남은 자금으로 손익분기점 결정
금융소득	이자/배당금으로 벌어들인 돈
투자소득	투자로 벌어들인 돈 (수익 예정 금액이 아니라 이익이 확정된 금액)
투자손실	투자 시 발생한 손실 (손실 예정 금액이 아니라 손실이 확정된 금액)
자본소득	금융소득 + 투자소득 – 투자손실
변동소득	확정된 소득 외 추가로 발생하는 소득
저축 가능 자금	지출이 다 끝나고 사용 가능한 여유 자금 (실제 잉여금 + 자본소득 + 변동소득)
저축	매월 고정적으로 하는 저축
가처분 소득	지출과 저축 모두 완료된 후 남은 처분 가능한 소득 (저축 가능 자금 – 저축)

가정용 손익계산서에 들어갈 내용

부자가 되려거든 기록하라

- 최대 잉여금: 고정 소득에서 필수생활비를 제외한 금액입니다. 필수 생활비는 고정 비용과 먹고사는 데 들어가는 비용을 합한 것입니다. 가정에서는 부채 상환을 반드시 해야 하므로 여기에 포함합니다. 최대 잉여금은 여타 지출을 하지 않는다면 매월 최대로 남길 수 있는 흑자 금액이라고 보면 됩니다. 그러나 대부분 필수 지출 이외의 지출이 발생하므로 최대 잉여금이 그대로 실제 잉여금이 되지 않습니다.

- 실제 잉여금: 최대 잉여금에서 변동지출, 기부금을 뺀 것으로 해당 기간 일반적인 생활비로 지출하고 남은 돈이라고 보면 됩니다.

- 자본소득: 노동이 아니라 자본을 운용하여 추가로 창출된 수입입니다. 예금이나 적금 이자, 각종 배당금은 금융소득이고 주식이나 펀드, 채권 등 투자를 통해 얻은 이익도 수익이 됩니다. 투자는 손실도 있으므로 투자손실 또한 함께 산정해야 합니다. 따라서 금융소득 + 투자소득에서 투자손실을 뺀 금액이 자본소득입니다. 주식이나 펀드를 매도하지 않은 상황에서 계좌 상 보이는 이익은 가변적인 것이므로 소득으로 볼 수 없습니다. 매도 후 수수료 등의 비용을 제외하고 실제 확정된 금액으로 계산해야 합니다.

- 저축 가능 자금: 실제 잉여금 + 변동소득 + 자본소득 = 저축 가능 자금, 해당 기간 가정의 흑자 금액으로 볼 수 있습니다.

- 가처분 소득: 지출과 저축까지 모두 끝난 후 사용할 수 있는 자금을

말합니다. 즉 해당 기간 번 돈에서 저축과 투자손실을 포함한 비용을 모두 제외하고 남은 금액입니다.

가처분 소득이 마이너스라면 적자라는 뜻으로 지출이나 저축 모두 구조조정을 해야 합니다. 지출이 많은 것인지 아니면 잉여자금에 대한 잘못된 판단으로 무리한 저축을 하고 있는지 파악해야 합니다. 마이너스인 가처분 소득이 계속 쌓이면 결국 부채가 늘어나는 악순환을 맞을 수밖에 없기에 반드시 원인을 파악하고 해결책을 모색해야 합니다.

가처분 소득이 플러스라는 것도 좋은 것만은 아닙니다. 저축 계획이 제대로 잡혀 있지 않음을 의미하기 때문입니다. 통장에 남아있는 현금은 소비에 대한 긴장감을 무장 해제해 불필요한 소비로 이어질 운명이라고 봐도 좋습니다. 따라서 가처분 소득이 0에 가까워지는 소비와 저축 계획이 가장 바람직합니다.

가정 내에서 행해지는 지출 하나하나가 의미를 갖지는 않으며 모든 걸 기억할 수도 없습니다. 그렇지만 중요한 지표는 숫자를 기억하는 것이 매우 중요합니다. 돈을 쓰기 전에 기억하고 있는 숫자를 끄집어내어 돈을 쓸 수 있는지를 판단할 수 있기 때문입니다. 돈이 없는데 그것도 모른 채 무작정 저질러왔던 수많은 시행착오는 이 숫자를 하나도 기억하고 있지 않았던 게으름과 무지의 결과입니다.

이제 앞서 설명한 지표를 기억합시다. 모두 기억하기가 쉽지 않다면 손익분기점은 머릿속에 넣고 있어야 합니다. 가처분 소득은 수입과 지출, 저축이 균형 잡혀 있다면 0에 수렴할 것이기에 이 경우 굳이 기억할 필요가 없습니다. 가진 돈 안에서 지출하는 게 기본 중의 기본이라는 것을 다시 한번 마음속에 새기길 바랍니다.

손익계산서

항목	금액		설명
고정 수입		3,800,000원	세후 급여액
필수 지출	2,700,000원		각종 고정지출
부채 상환	300,000원		전세자금대출 이자
최대 잉여금		800,000원	
변동 지출	300,000원		의류, 문화생활 등 변동 지출
기부금	30,000원		기부금
실제 잉여금		470,000원	손익분기점은 3,330,0000원 (고정 수입 – 실제 잉여금)
금융 소득		100,000원	이자소득
투자소득			
투자손실			
자본소득		100,000원	이자와 투자 손익 합산
변동소득		200,000원	수당
저축 가능 자금		770,000원	저축할 수 있는 금액 (실제 잉여금 + 자본소득 + 변동소득)
저축	500,000원		매월 고정 저축
가처분 소득		270,000원	

연간 손익계산서도 써보자

월 손익계산서를 작성하면 매달 얼마 정도를 저축할 수 있는지 알 수 있습니다. 대부분은 목표한 저축 금액에 미달할 것입니다. 따라서 어떤 항목이든 비용을 줄이는 게 최선입니다.

> 회알못 - 어떤 것부터 줄여야 하나요?
>
> 택스코디 - 가장 안 좋은 게 '조금씩 아껴보자'라고 생각하는 것입니다. 반짝 효과를 보는 것 같지만, 시간이 지나면 원래대로 돌아가기 쉽습니다. 경영학의 아버지, 피터 드러커는 비용을 줄이는 방법을 다음과 같이 말했습니다.

• 금액이 큰 항목에 집중하자

비용을 줄이는 데는 에너지가 들어갑니다. 그래서 이왕이면 금액이

부자가 되려거든 기록하라

큰 항목을 챙기는 데 많은 에너지를 쏟아야 합니다. 임대료가 많이 든다면 약간의 불편을 감수하고 조금 먼 곳으로 이사하든가, 조금 더 안좋은 곳으로 옮길 각오를 해야 합니다.

• 비용 종류별로 다르게 관리하자

집에서 쓰는 휴지 사용량을 줄인다고 가정해봅시다. 기껏 줄인다고 해봤자 얼마나 될까요? 하지만 겨울철 난방비라면 어떨까요? 이건 매우 중요합니다. 한 번에 휴지를 열 장씩 쓰는 낭비와 겨울철에 보일러를 양껏 돌리면서 반 팔로 생활하는 낭비는 차이가 큽니다. 모든 비용을 관리하느라 스트레스를 받기보다는 효과가 큰 항목에 에너지를 집중해야 합니다.

• 원인이 되는 행위를 없애자

근본적인 문제가 해결되지 않으면 개선되기 어렵습니다. 차량 유지비가 많이 든다면 차를 없애는 것이 근본적인 해법입니다. 경제속도를 지키고 급정거와 급출발을 하지 않는 것으로는 비용 절감에 한계가 있을 수밖에 없습니다.

지금 타고 있는 자동차를 팔아야 한다고 주장하는 것은 아닙니다. 인생에서 낙이 자동차밖에 없는 사람에게 차를 팔라는 것은 의미 없는 조언입니다. 하지만 드림카를 사기 위해서 4년을 참으라고 한다면, 이는 전혀 다른 이야기입니다. 목표를 정하고 달성하기 위해서 단기적인 손실은 참을 수 있어야 합니다. 이런 식으로 비용의 우선순위를 정하다

보면 꼭 필요한 비용과 그렇지 않은 비용을 구분할 수 있습니다.

한 달 동안 번 돈과 쓴 돈을 집계했다면, 이제는 1년 단위로 확대해서 볼 필요가 있습니다. 월 단위에서 연 단위로 바뀌면 조금 더 크게 보이는 항목들이 있습니다.

갑작스러운 경조사나 사고, 비정기적으로 가는 여행 등이 한 달 단위에서는 예외적인 것으로 보이지만 매년 비슷한 일이 일어납니다. 따라서 어느 정도 여유 자금이 필요합니다.

아주 꼼꼼한 사람이 아니라면 가계부를 매달 작성하기는 어렵습니다. 다시 말하지만, 이런 일은 평생 몇 번만 해도 괜찮습니다. 매월 나가는 돈을 집계하면서 나의 소비 습관을 돌아보는 것처럼, 연 단위의 수입과 지출을 관리하면 그간 어떤 일이 있었는가를 되돌아볼 수 있기 때문입니다.

회사는 세금을 내야 하므로 이런 일을 해마다 합니다. 성과를 평가하기 위해서도 결산이 필요합니다. 잘한 부분과 못한 부분을 정리하고 다음 해 계획을 세웁니다.

그런데 개인은 매달, 매년 정리하기는 어렵습니다. 그렇더라도 자신의 재무상태를 제대로 파악하기 위해서는 한 번 정도는 꼼꼼히 계산해 봐야 합니다.

그래야 터무니없는 목표가 아니라 현실적인 목표를 세울 수 있고, 방향 전환에 필요한 에너지를 얻을 수 있습니다. 아무것도 하지 않으면 바뀌는 것도 없고, 저축하는 금액도 점점 줄어들 수밖에 없습니다.

연간손익계산서		
	2023년 1월 1일 ~ 12월 31일	
수입		
월 급여 합계	31,200,000원	
비정기 수입		
지출		
월 지출 합계	28,200,000원	
비정기 지출		
저축		
월 저축 합계	3,000,000원	
소계		
목표		17,500,000원

돈 문제를 해결하려면,
지출을 줄여라

    수입을 늘리고 싶지 않은 사람이 과연 있을까요? 생활비가 모자란 사람은 당연하고 부족하지 않다고 느끼더라도 누구나 지금보다 더 벌고 싶어 하므로 많은 사람이 투잡을 뛰어야 하나 부업을 해야 하나 고민합니다. 그러나 획기적으로 수입을 늘리기가 쉽지 않습니다.

    당연한 말이지만, 수입은 그대로라도 지출을 줄이면 수입이 늘어나는 효과가 생깁니다. 지출을 줄이려면 고정 비용을 줄여야 효과가 있습니다. 일상적인 지출은 괜히 절약하겠다고 돈 쓸 때마다 신경 쓰이고 스트레스만 받지 지출 절감의 효과는 거의 없습니다. 고정 비용을 획기적으로 줄이지 않는 한 지출은 줄어들지 않는다는 점을 꼭 알아야 합니다.

    지출을 줄이기가 꼭 필요한 이유는, 수입만 늘린다고 돈 문제가 해결되지 않기 때문입니다. 수입이 늘어나면 지출도 함께 늘어납니다. 연수입이 5천만 원인 가정과 1억 원인 가정의 재무 상황을 비교해보면 결코 후자가 전자보다 2배 더 여유롭다고 할 수 없습니다. 소득이 높아지면 주거 환경 교육 생활 수준도 함께 높아져 30평대 아파트가 40평대로, 강북에서 강남으로, 중형차가 대형차로 바뀝니다. 특히 연봉이 1억 원이라면 1억이라는 숫자가 주는 착각으로 인해 품위 유지비가 더 많이 들어갑니다. 하다못해 각종 경조사에 돈도 더 많이 내야 합니다. 이에 맞춰 살아가다 보면 만져보지도 못하고 빠져나가는 고정 비용은 점점 불어나고, 남들보다 많이 버는데도 빠듯한 생활을 해야 합니다.

소득이 커질수록 고정 비용이 증가하는 것은 과소비 성향과는 상관이 없습니다. 특수한 사람에게만 해당하는 이야기도 아닙니다. 우리나라 사람이라면 이 문제에서 예외가 되기 어렵습니다. 지금 심정이야 연봉 1억 원이면 모자람 없이 쓰고 저축까지 할 수 있을 것 같지만 막상 그 상황이 되면 소득이 늘어난 만큼 많이 써야 하는 구조에 얽매이게 됩니다.

정리하면 많이 버는 것보다 어떻게 쓰느냐가 돈 관리에서는 훨씬 중요한 문제입니다. 돈을 제대로 잘 쓰면 굳이 수입을 늘리지 않아도 돈을 더 많이 모을 수 있습니다.

대부분 가정의 고정 비용을 파악해보면 매달 내는 보험료가 상당 부분을 차지하고 있습니다. 심지어 보험으로 지출하는 돈이 저축보다 큰 가정이 반대의 경우보다 많습니다. 위험을 대비하기 위한 보험은 꼭 필요하지만, 재무 여력을 넘어서는 보험 지출이 만연해 있습니다. 불안을 부추기는 보험 광고, 지인 영업 위주의 판매 관행 등 원인은 다양하지만, 보험에 대한 정확한 이해가 없으므로 발생하는 문제이기도 합니다.

그런데 보험은 너무 어렵습니다. 약관을 봐도 두꺼운 데다 어려운 말만 잔뜩 적혀 있고 보험설계사의 설명은 상품의 장점만 부각한다는 의구심을 지울 수가 없습니다. 그런데도 혹시 병에 걸리거나 사고를 당하면 어쩌나 하는 불안한 마음에 보험 가입을 합니다. 그렇게 보험은 늘어나고 그러다 형편이 어려워지면 보험료를 내지 못해 해약하는 악순환을 반복합니다. 중도해지로 그동안 낸 돈을 손해 본 경험은 아마 대부분 있을 것입니다.

가정경제 교육이나 상담 시 빠지지 않는 것이 보험 문의입니다. 내가 들어놓은 보험이 괜찮은 것인지, 불필요한 것은 아닌지, 보험설계사에게 속은 것은 아닌지는 마음속에 항상 담겨 있던 질문일 것입니다. 그런데 이런 질문에 대한 저의 대답은 '나도 모른다'입니다.

미래에 발생할지도 모르는 위험에 대비하기 위해서 돈을 조금씩 모아놓은 것이 보험입니다. 그렇게 많은 사람이 함께 일종의 기금을 만들어 놓고 위험이 발생한 사람에게 그가 낸 것보다 더 많은 돈을 주는 것입니다. 보험사는 돈을 모으고 운용하고 지급하는 일을 대행하며 수수료를 받는 회사입니다. 만약 암에 걸려 지금까지 낸 500만 원의 보험료보다 많은 2천만 원의 보험금을 탔다고 칩시다. 이 돈은 어디서 왔을까요? 암보험 가입자들이 낸 보험료로부터 나왔습니다. 보험사가 자기 돈을 보태서 주는 것이 결코 아닙니다.

회알못 - 그럼 암보험에 들었는데 암에 걸리지 않은 사람은 손해가 아닌가요?

택스코디 - 맞습니다. 위험이 발생하지 않는다면 보험은 무조건 손해가 나는 구조입니다. 그러나 만약 암에 걸린다면 암보험은 많으면 많을수록 좋습니다. 10개라도 괜찮습니다. 반대로, 암보험이 1개뿐이라 해도 암에 걸리지 않는다면 불필요할 것입니다. 어떤 보험이 좋은지, 불필요한 보험은 아닌지 질문을 받으면 "모른다"라고 대답할 수밖에 없는 이유는 미래를 모르기 때문입니다.

결국 보험은 현재의 확실한 이익인 내 돈을 미래의 불확실한 이익인 보험금과 맞바꾸는 것입니다. 병에 걸리지도 않고 일찍 죽을 위험도 없다고 100% 확신하는 사람이거나, 몇 천만 원의 보험금을 타는 게 중요하지 않은 자산가라면 보험은 필요 없습니다.

앞날을 알고 있는 사람은 없기에 미래의 불확실한 위험은 공포로 변해 우리를 불안에 떨게 합니다. 단 1%의 불확실성이 있어도 우리는 불안합니다. 예를 들어봅시다.

1. 당신이 1억 원을 받을 수 있는 확률은 1%이고, 그 결과는 내일 아침에 알 수 있다.
2. 당신이 1억 원을 받지 못할 확률이 1%이고 (받을 확률이 99%), 그 결과는 내일 아침에 알 수 있다.

당신은 어떤 상황에 잠을 설칠 것 같나요? 아마도 2번일 것입니다. 1번보다 돈을 받을 확률이 수십 배 높은데도 말이죠. 만에 하나 받지 못할 1%의 가능성이 그 이상의 큰 공포심을 심어줍니다. 보험을 드는 이유가 바로 여기 있습니다. 불행이나 위험에 대한 공포는 실제로 그런 일이 발생할 확률과는 상관없이 뭔가 대비해야 한다는 조바심을 일으킵니다.

특히 사고나 질병은 머릿속에 생생한 이미지를 떠올리게 합니다. 갑자기 암 선고를 받고 치료비는 계속 들어갑니다. 가족들의 부담은 점점 커가고 살림은 궁핍해집니다. 보험도 하나 들어놓지 않았냐고 주변에서 타박하지만 후회한들 이미 소용이 없습니다. TV 광고 또는 직접 목격했던 사례들을 통해 연상되는 이런 이미지들은 공포심을 극대화하고, 우리는 보험에 가입해서 안도하려 합니다.

> 회알못 - 그럼 보험료로 수입의 얼마를 지출하는 것이 좋을까요?
> 택스코디 - 수입의 몇 퍼센트라고 일괄적으로 정하기보다는 여러 상황을 종합적으로 살펴봐야 합니다.

먼저 사망보장의 경우, 보장금액이 커질수록 보험료도 올라가므로 최소한의 필요 금액을 정해봅시다. 자녀들이 독립하기 전에 가장이 사망한다면 남은 가족이 최소한의 소득을 확보하기까지 걸리는 시간과 자금이 얼마인지 계산해 보면 됩니다. 예를 들어 한 달 생활비가 최소 400만 원이고 50% 정도를 보험금으로 충당하여 완전 자립에 필요한 기간이 2년이라면 약 5천만 원이 필요합니다. 이 금액이 바로 사망보장 기준 금액이 됩니다.

여기서 한 가지 변수는 바로 부채입니다. 부채가 있다면 보험금으로 갚아야 하는 부담이 추가로 주어집니다. 따라서 부채 금액만큼 또는 부채 금액의 최소 50%를 사망보장 금액에 더해야 합니다. 만약 부채가 1억 원이라면 50%인 5천만 원이 사망보장 금액에 추가로 필요합니다. 부채가 있으면 이자 부담뿐 아니라 보험료도 올라가는 이중 부담이 생기는 셈입니다. 또한, 사망보장은 종신보험뿐 아니라 연금보험 같은 저축성 보험 등 대부분 보험에 일부분 특약으로 들어있습니다. 사망보장 금액이 얼마인지 가입한 모든 보험을 확인해보는 것도 꼭 필요합니다.

실손보험은 자산이나 지출과 보험료와의 상관관계가 없으므로 저렴한 보험을 선택하면 되나 진단비 보험은 다릅니다. 피보험자가 경제적 가장이라면 치료비뿐 아니라 가족의 생계유지 자금도 필요합니다. 반면 나이가 많거나 경제적 가장이 아니라면 치료비로 사용할 금액만 필요합니다. 이를 고려해 진단비 금액을 선택하는 것이 바람직합니다.

치료 기간을 1년으로 잡고 지출의 50%를 보험금으로 충당한다고 했을 때, 월 생활비 400만 원 가정은 생활비 2,500만 원과 치료비 1,000만 원을 합한 3,500만 원의 진단비가 필요하다는 계산이 나옵니다. 기간과 금액은 개별 가정의 상황에 따라 달라질 수 있습니다.

우리는 가장이 암에 걸리거나 사망하는 경우를 상상하면, 보험을 많이 들어두는 게 좋을 것 같습니다. 자립까지 2년은 부족한 것 같고, 암에 걸리면 치료 기간이 1년이 아니라 2년은 잡아놓아야 할 것 같습니다. 그러려면 보험료를 많이 지출해야 합니다. 그러나 불확실한 미래에 너무 많은 돈을 투입하는 건 위험한 행동입니다. 당장 재무상태에 문제가 생길 수 있으며, 막상 위험이 현실화되지 않으면 경제적으로 손해라는 사실은 지금까지 누차 설명했습니다.

우리가 지켜야 할 원칙은, 저축성 보험(연금보험, 변액보험 등)을 제외한 보장성 보험을 기준으로 적어도 저축이 보험보다 많아야 한다는 점입니다. 보험은 미래의 불확실성을 대비한 것이지만 저축은 당장 써야할 돈, 즉 확실한 미래에 돈 쓸 일을 대비하는 것이기 때문에 반드시 저축이 우선돼야 합니다. 이 원칙을 지킨다 해도 수입의 6% 이상을 보장성 보험료로 지출하는 건 가정경제에 부담이 될 수 있습니다.

참고로 저축성 보험은 장기 가입을 전제로 한 상품이므로 당장에 돈 쓸 일을 대비할 수 없습니다. 저축상품으로서는 치명적 약점입니다. 이를 반영하듯 4가구 중 1가구는 중도해지 경험이 있는 것으로 나타났습니다. 이유는 보험료를 내기 어려워서, 갑자기 목돈이 필요해서였습니다. 재무상태를 제대로 파악하지 못하고 성급하게 보험 가입을 한 결과 오히려 돈을 손해 본 것입니다. 아무리 친하고 믿을 만한 사람이 권유한다고 해도, 지금까지 말한 내용을 기준으로 보험을 유지하고 관리합시다.

부자가 되려거든 기록하라

부채 상환,
저축일까? 비용일까?

수입과 지출이 같아지는 지점을 손익분기점이라고 합니다. 손익분기점은 반드시 벌어야 하는 소득의 하한선이고 그 이상 벌어야 한다는 기준점으로 기억해야 합니다.

손익분기점은 수입과 지출 기준을 어떻게 잡느냐에 따라 달라집니다. 먼저 수입을 봅시다. 고정 수입이 기본적인 수입 기준이지만, 고정 수입의 범위가 다양합니다. 맞벌이 가정이라면 육아 때문에 직업 활동을 지속하기 어려운 점을 고려해 남편 소득만 고정 수입으로 정하고 아내 수입은 변동 수입으로 놓을 수도 있습니다. 이때 고정 수입을 기준으로 비용 기준을 잡게 되므로 지출 규모를 줄여야 합니다. 반면 변동 수입은 늘기 때문에 저축 가능 자금은 증가합니다. 흔히 한 사람의 수입만으로 생활하고 나머지 한 사람의 수입은 모두 저축하라는 조언을 하는데, 손익분기점을 작성할 때 고정 수입을 한 사람의 소득만으로 잡으면 같은 효과를 얻을 수 있습니다.

많은 직장인이 연봉만 기억하지 실제 통장에 얼마가 들어오는지는 잘 모릅니다. 연봉이 1억 원이라고 해도 실제로 매월 통장에 들어오는 금액은 최대 660만 원 정도입니다. 수입을 연 1억 원이라고 알고 있는 것과 월 660만 원이라고 아는 것은 소비에 큰 차이를 가져옵니다. 맞벌이 부부는 둘이 합쳐 1억 원이 넘는 경우도 많아 소비에서 경계심이 떨어질 수밖에 없습니다. 머릿속 연봉이 아니라 실제 통장에 찍히는 금액으로 고정 수입을 파악하고 손익분기점을 잡아보면 생각보다 가처분소득이 높지 않다는 사실을 절감하게 됩니다.

손익계산서에 지출을 일괄적으로 합하지 않고 단계적으로 파악하는 것은 나름의 의미가 있습니다. 최대 잉여금을 산출하기 위해 파악하는 필수 지출은 기본적인 생활을 위해서 꼭 필요한 기초생활비를 의미합니다. 당연한 말이지만 기초생활비가 많다는 건 많이 벌어야 한다는 뜻입니다. 반복적으로 말하지만 고정 비용은 한 번 정해지면 줄이기 어렵고 매월 반드시 나가는 돈이라 규모가 큽니다. 지출 구조조정을 하고 싶다면 이 부분에서 해야 합니다.

다음 단계인 실제 잉여금을 구할 때 필요한 지출인 변동지출은 문화생활이나 의류 소비 등이 대부분이므로 줄일 수 있는 여지가 많습니다. 기부금은 생활과는 관계가 없으므로 필수 비용에서 제외합니다. 필수지출, 부채 상환, 변동지출, 기부금이 일반적으로 가정에서 소요되는 총비용입니다. 손익분기점은 바로 이 비용으로 결정합니다. 적어도 이

만큼은 벌어야 저축은 못 하더라도 빚은 지지 않는 생활을 유지할 수 있습니다.

손익분기점을 넘기는 소득은 모두 저축으로 넘어갈 수 있습니다. 예를 들어 300만 원을 버는 외벌이 가정에서 빚은 없고 저축을 30만 원 한다면 손익분기점은 270만 원이고 소득 대비 저축률은 10%입니다. 만약 아르바이트로 추가소득이 60만 원 생겼다고 합시다. 소득은 20% 늘어났지만, 추가소득을 모두 저축으로 돌리면 60만 원이 증가하여 저축이 200% 늘어난 효과를 거둘 수 있습니다.

만약 추가소득이 발생해도 그만큼 지출하면 손익분기점은 다시 높아집니다. 수입이 늘었음에도 가처분 소득이 늘어나지 않는 건 이 때문입니다. 더 벌었다고 기뻐할 게 아니라 지출도 늘어나 손익분기점이 올라갔는지 아니면 제자리를 유지하고 있는지를 함께 확인해야만 정확한 재정 상태를 파악할 수 있습니다.

회알못 - 그럼 부채 상환은 저축인가요? 비용인가요?

택스코디 - 부채 상환 방식은 이자만 내느냐 원금을 함께 갚고 있느냐 두 가지로 나뉩니다. 이자만 내고 있다면 100% 비용입니다. 돈을 빌린 대가로 치르는 돈이며 자산으로 쌓이지 않기 때문입니다. 그러나 원금 상환을 같이한다면 조금 복잡해 집니다. 보통 원금과 이자를 합쳐서 상환하는데 이자는 100% 비용이지만, 원금은 부채의 내용에 따라 저축인지, 비용인지 결정됩니다.

주택담보 대출을 받아 집을 사고 원금을 갚고 있다고 합시다. 빌린 돈이 집에 다 들어가 있다면 부채가 자산에 포함되어 있으므로 저축으로 볼 수 있습니다. 20년 만기 적금에 비유하자면, 만기에 탈 돈을 미리 받아놓고 20년 동안 갚아 나가는 것과 같다고 이해하면 됩니다. 빚내서 집 사면 강제저축이 된다는 말은 바로 이런 소리입니다.

그러나 대출금을 생활비 등 다른 곳에 써버렸다면, 즉 부채가 자산으로 남지 않았다면 부채 상환은 비용으로 산정해야 합니다. 이 경우는 외상으로 물건을 산 후 나중에 갚는 것과 같습니다. 따라서 이자처럼 비용으로 봐야 합니다.

같은 부채지만 돈을 벌기 위한 부채가 있고 쓰기 위한 부채가 있습니다. 전자는 저축이 될 수 있지만, 후자는 비용입니다. 당연한 말이지만 돈을 쓰기 위한 부채는 만들지 말아야 합니다. 지금 가진 부채들이 혹시 돈을 쓰기 위한 것이라면 전반적인 생활 점검이 꼭 필요합니다.

부자가 되려거든 기록하라

2

우리 집 재무상태표를
기록하자

우리 집 재산은 얼마나 될까?

"우리 집 재산은 얼마나 될까요?"

먼저 통장 예금하고 거주하는 아파트, 또 무엇이 있을까요? 집을 한 번 둘러보면 재산이 많이 있습니다. 침대, 옷장, 가구들이 있고, 부엌에 주방 기구들도 잔뜩 있고. 주차장에 차도 있습니다. 그럼 우리 집 재산 상태를 표로 만들어봅시다.

우리 집 회계의 첫 번째 단계는 재산목록을 빠짐없이 기록하는 것이고, 두 번째 단계는 재산별로 금액을 적는 겁니다. 거실을 보니 소파가 있습니다. 7년 전 부모님께서 집들이 선물하신 건데 그때 2백만 원이었습니다. 그럼 금액을 얼마로 적어야 할까요?

> 회알못 - 오래된 중고니까 당근마켓에 올려서 팔리는 가격으로 적

부자가 되려거든 기록하라

어야 하지 않을까요?

택스코디 - 음, 소파는 다시 팔려고 산 것이 아니라 우리가 계속 사용하려고 산 것이죠. 그러므로 중고로 팔았을 때 얼마를 받을 것인지는 중요하지 않습니다. 그래서 계속 쓰려고 사는 재산은 전부 다 처음에는 산 가격으로 기록하고, 그 재산을 얼마 동안 사용할 것인지 사용 기간을 예상해서 그 기간만큼 가치를 떨어뜨려서 기록합니다. 이것을 감가상각이라고 합니다. 소파는 비품이니까 보통 내용연수를 5년으로 잡고 감가상각을 합니다. 그럼 산 가격 2백만 원 ÷ 5년 = 40만 원, 처음 샀을 때는 소파를 200만 원으로 적지만, 일 년 뒤엔 160만 원, 2년 뒤엔 120만 원으로 기록하면 됩니다.

아직 멀쩡해서 잘 쓰고 있지만, 7년 전에 샀으니까 이미 5년이 지나서 소파는 0원이 됩니다. 다시 말하지만, 회계에서는 계속 사용하려고 산 재산은 사용 기간을 추정해서 최초 산 가격을 그 기간으로 나누어 장부가를 계속 다운시켜 기록합니다.

거실에 있는 이 책들도 소파랑 똑같습니다. 우리 집에 있는 모든 것들은 다 팔려고 산 것이 아니라 계속 사용하려고 산 것이니, 다 감가상각을 해서 재무상태표에 기록해야 합니다.

회알못 - 다른 재산들은 다 시간이 지날수록 사용하면서 낡아지니, 감가상각이 이해가 되는데, 우리 집 아파트는 지난 6년 동안 6억

이 올랐어요. 산 가격이 6억 원이고, 아파트 같은 건물은 보통 40년 사용할 수 있다고 내용연수를 보는데, 그럼 매입한 지 6년 된 아파트는 얼마로 기록하나요?

6억 원 ÷ 40년 = 1,500만 원. 즉 일 년에 1,500만 원 감가상각이 이뤄지니 6년을 곱하면 9,000만 원,
따라서 6억 원 − 9,000만 원 = 5억 1,000만 원. 그런데 6억 원이 올랐으니 11억 1,000만 원으로 기록하나요?

택스코디 - 아닙니다. 우리는 아파트가 딱 한 채뿐이고 계속 살려고 집을 산 거니까 아파트도 소파와 똑같이 산 가격을 사용 기간 동안 감가상각해서 기록해야 합니다. 이게 회계의 원칙이죠. '사용 목적으로 취득한 재산은 취득원가로 기록하고 감가상각을 한다. 중고시장 시가나 아파트 시가로 기록하지 않는다'라는 게 원칙이죠. 다만, 이러면 재무상태표에 기록된 것 중 토지 같은 부동산은 너무 시가와 동떨어진 금액으로 기록될 수 있으니, 재무상태표 뒤에 주석이라고 별도의 표를 작성하는데, 거기서 토지의 시가를 주석으로 써 줍니다.

그런데 우리 집 재산에는 사용하려고 산 물건들만 있는 것은 아니고 이익을 남겨서 팔려고 산 것도 있습니다. 바로 삼성전자 주식이죠. 삼성전자 주식은 주식 시장에서 거래되는 시가가 있으므로 재무상태표

에 산 가격으로 기록하지 않고 매년 말 시가로 기록합니다.

그리고 운영하는 유튜브에 광고수익으로 구글에서 달러가 매달 입금되는데, 달러는 한국 돈 원화가 아니니 한국 돈으로 환산해야 합니다. 그런데 환율은 매일 바뀌므로, 달러가 입금될 때 환율로 환산하는 금액이랑 연말에 바뀐 환율로 환산하는 금액이 차이가 나죠. 외화로 된 재산은 연말에 원화로 환산해서 재무상태표에 기록하고, 환율이 바뀌어서 이익이 나거나 손실이 난 금액은 손익계산서라는 표에 기록하면 됩니다.

또 우리 집 재무상태표에는 우리가 돈 주고 산 물건들만 기록하는 것이 아니고, 다른 사람들한테 받아야 하는 돈, 즉 채권이라고 하는데, 이렇게 눈에 보이지 않는 재산도 기록해야 합니다.

예를 들어 회사 월급날이 5일이면, 12월 말에 재무상태표를 작성할 때는 12월 월급이 비록 1월 5일에 입금된다고 하더라도 12월 한 달 동안 출근을 했으니 12월 말에는 월급을 받을 권리가 생기죠. 그래서 재무상태표에 매출채권으로 기록해야 합니다. 이렇게 회계에서는 일해서 돈을 받을 권리가 발생했을 때인 매달 말에 돈을 벌었다는 수익과 받을 돈인 채권을 기록합니다. 현금이 들어오고 나갈 때까지 기다렸다가 기록하는 것을 현금주의라고 하는데, 회계는 그렇게 하지 않고, 회사에 출근하는 일을 다 끝내고 돈을 받을 권리가 생겼을 때 기록한다고 해서 발생주의라고 합니다.

그리고 눈에 보이는 재산이라고 하더라도 금액이 작은 경우 재산으로 기록하고 감가상각을 하면 매우 비효율적이죠. 주방의 설탕 같은 조미료, 화장실의 휴지, 샴푸나 비누는 금액이 적으므로 사는 즉시 비용 처리하며, 재산으로 기록하지 않습니다. 이렇게 재산으로 기록하고 감가상각을 할지, 아니면 금액이 적으므로 사는 즉시 비용처리를 할지 결정하는 금액 기준을 중요성 금액이라고 합니다.

재산으로 기록할지 아니면 사자마자 즉시 비용으로 처리할지 결정하는 원칙이 또 있습니다. 사실은 중요성 원칙보다 이것이 첫 번째 원칙입니다. 바로 사용 기간이죠. 사용 기간이 재무상태표를 작성하는 주기보다 짧으면 사자마자 비용으로 처리합니다. 재무상태표는 보통 일년에 한 번 매년 말에 만들죠. 따라서 물건을 살 때 사용 기간이 1년이 안 되는 물건은 재산으로 기록하지 않고 즉시 비용으로 처리합니다. 회사들은 매달 말에 재무상태표를 작성하니까 사용 기간이 1달 미만이면 비용, 1달을 넘으면 취득원가를 사용 개월 수로 나누어서 매월 비용처리해야 합니다.

그런데 우리 집에는 재산만 있는 것이 아니라 갚아야 할 빚도 있습니다. 이걸 부채라고 합니다. 부채는 재무상태표의 오른쪽에 적습니다. 부채 중에 가장 큰 것은 아파트 담보대출, 그리고 마이너스 통장의 마이너스 금액도 은행 대출이니까 부채로 기록해야 합니다. 이것 말고도 매일매일 신용카드를 써서 신용카드 대금 중 매달 25일에 통장에서 빠져나가고 말일자로 남은 카드사용대금도 우리 집 부채입니다. 이렇게 신용카드 사용대금이 현금으로 빠져나갔을 때 비용으로 기록하지 않고 신용카드를 실제로 사용해서 월말에 갚을 돈이 있을 때 이를 기록하는 것을 좀 전에 뭐라고 했죠? 그죠, 발생주의입니다. 신용카드를 사용하는 행위가 발생했을 때 갚을 돈을 기록하는 겁니다.

재무상태표 왼쪽의 모든 재산 금액의 총합계가 우리 집 재산이고, 오른쪽의 부채가 우리 집 빚이니, 재산합계에서 부채 합계를 빼면 남는 금액이 순수하게 진짜 우리 집 몫이죠. 이것을 자기자본이라고 합니다. 자본에는 무엇이 있을까요? 독립해서 혼자 살다가 결혼했을 때 부모님께서 전세 얻으라고 돈을 줬다고 가정해봅시다. 은행 빚은 만기가 되면 갚아야 하니까 부채입니다, 부모님 돈은 갚지 않아도 됩니다. 그냥 주신 돈이기 때문입니다. 이런 것을 자본금이라고 합니다. 은행 빚은 이자를 내야 하지만, 부모님이 주신 자본금은 사용 대가를 줘야 하는 의무가 없습니다. 이 자녀가 월급 받아 부모님께 용돈을 드리면, 이것은 부채에 대한 이자가 아니라 자본금에 대한 배당인 거죠.

왼쪽에 있는 재산을 사는데 필요한 돈은 오른쪽에 있는 아파트 담보 대출이나 은행차입금이나 신용카드 대금 같은 부채와 부모님의 자본금으로 조달한 것입니다. 그런데 자본금 말고도 큰 금액이 남아 있는데 이를 이익잉여금이라고 합니다. 이것은 열심히 직장생활을 해서 월급을 번 돈으로 생활비에 쓰고 남은 돈입니다. 번 돈을 수익이라고 하고, 쓴 돈을 비용이라고 하고, 남은 돈이 이익입니다. 결혼해서 그동안 쌓아온 이익이 이익잉여금입니다. 근데 벌어서 쓰고 남은 이익잉여금이 전부 현금으로 있지는 않습니다.

돈 주고 물건을 샀을 때 즉시 사용되거나 사용 기간이 1년 미만이면 비용으로 처리된다고 했죠? 비용으로 처리되면 재산으로 처리되지 않으니까 재무상태표에 남아 있지 않습니다. 하지만 사용 기간이 1년이 넘으면 재산으로 기록하니까 재무상태표에 나타나죠.

그동안 월급으로 번 돈이 10억 원이라고 하면, 이 중 9억5,000만 원을 쓰고 현금으로 남은 돈은 5,000만 원입니다. 그런데 쓴 9억5,000만 원 중 절반가량인 5억3,000만 원은 쓰자마자 바로 사라지는 생활비이고, 4억2,000만 원은 세탁기, 냉장고 등 사용 기간이 긴 재산입니다.

번 돈 10억 원에서 쓴 돈 9억5,000만 원을 다 빼는 것이 아니라 쓰자마자 바로 소비되어 즉시 사라지는 돈인 5억3,000만 원을 비용이라고 하고 이 비용 5억3,000만 원을 빼고 남은 금액 4억7,000만 원을 이익잉여금이라고 합니다. 잉여금, 즉 '남아 있다'라는 돈 4억7,000만 원은 현금으로 5,000만 원, 그리고 사용 기간이 1년 넘는 재산들 4억2,000만 원으로 남아 있는 거죠.

재무상태표,
과거와 미래를 모두 보여준다

재무상태표는 현재 재무상태를 보여주지만, 실은 그 숫자 안에 현재뿐만 아니라 과거와 미래를 모두 담고 있습니다. 그동안 어떻게 자산을 만들고 형성해왔는지에 대한 기록으로서 과거를 보여주고, 앞으로 어떤 돈 문제를 겪을지 혹은 돈 걱정에서 자유로울지도 예견해줍니다. 다음 가정의 재무상태표를 살펴봅시다. 이 가정은 남편 직업은 교수이고 전업주부인 배우자, 그리고 직장생활 6년 차의 큰아들(내년 결혼 예정, 36세, 모은 돈 5천만 원), 작은아들(5년 뒤 결혼 예정, 31세)이 있습니다.

금융자산을 약 3억 6,000만 원 보유하고 있으며 부동산도 10억 원 상당의 아파트(취득 시 분양가 2억 6천만 원, 그중 절반 1억 3천만 원은 부모님의 도움을 받음)를 소유하고 있어 부채를 뺀 순자산이 13억 원에 이릅니다. 남편이 현재 60세지만 65세까지 정년이 보장되니 앞으로 5년 동안 안정적인 고소득이 가능합니다.

회알못 - 이 정도라면 중산층을 넘어 부자인 거 아닌가요.

택스코디 - 그러나 13억 원을 액면가로 보지 않고 그 돈의 과거와 미래를 보면 전혀 다른 판단을 내릴 수 있습니다.

위 재무상태표를 현시점에서만 봤을 때 순자산은 13억 500만 원입니다. 그러나 순자산 액수보다 중요한 것이 있습니다. 시세차익이나 투자차익이 아니라 순능력 자산(스스로 능력을 통해 저축으로 만든 자산)입니다. 순능력 자산을 파악하기 위해서는 과거를 살펴봐야 합니다.

자산		부채	
현금	6,000만 원	소유 주택 전세보증금	5억 원
청약예금	500만 원		
퇴직금	2억 5,000만 원		
교원공제	5,000만 원		
유동자산 합계	3억 6,500만 원		
소유 주택	10억 원		
거주 주택 전세	4억 원		
시골 땅	4,000만 원		
고정 자산 합계	14억 4,000만 원	부채 합계	5억 원
자산 합계	18억 500만 원	순자산	13억 500만 원

금융자산부터 살펴보면, 먼저 6,000만 원이라는 상당한 액수의 현금을 보유하고 있습니다. 그러나 이 돈의 과거를 보면, 원래 살던 집을

5억 원에 전세를 주고 남편의 학교 근처로 4억 원에 전세를 얻어 이사를 오면서 발생한 차익입니다. 이 돈은 처음에 1억 원이었으나 필요할 때마다 조금씩 꺼내 쓰다 보니 어느새 4,000만 원이 사라진 상황입니다. 결국, 이 6,000만 원은 내 통장에 있기는 하나 내가 모은 돈이 아니라 언젠가는 돌려줘야 할 빚으로 심지어 4,000만 원이 모자라는 형편입니다.

여기에 금융자산 대부분을 차지하고 있는 퇴직금은 근무 연수에 따라 자동으로 축적되는 돈이며 교원공제는 국민연금처럼 월급에서 꼬박꼬박 빠져나가서 생긴 것입니다. 결국, 퇴직금과 교원공제를 합한 2억 6,500만 원이라는 자산도 부부의 노력으로 만들어졌다기보다 일종의 강제 징수를 통해 만들어진 부분입니다. 따라서 순능력 자산에 포함할 수 없습니다.

부동산도 마찬가지입니다. 오래전에 분양받은 이 아파트는 당시 분양가가 2억 6,000만 원이었습니다. 이 돈도 부부가 다 모은 게 아니라 절반은 부모의 도움을 받았습니다. 결국, 아파트 가치 10억 원 중 1억 3,000만 원만 스스로 능력으로 만든 자산입니다. 나머지 8억 7,000만 원은 부모의 도움과 수도권 아파트를 샀다는 운이 결합해 만들어진 시세차익입니다.

이 부부가 스스로 능력으로 만든 자산은 처음 아파트를 분양받을 때 사용한 1억 3,000만 원이 전부입니다. 이 가정의 순능력 자산은 여기서 멈춰 버렸습니다. 결혼생활 35년, 그것도 안정적인 고소득이 보장되는 교수라는 직업을 고려한다면 아쉬운 성적표입니다.

재무상태표를 볼 때 초기 자본을 고려해보면 그동안의 자산 축적 활동이 어땠는지 판단할 수 있습니다. 여기서 순능력 자산이라는 개념을 도출할 수 있는데, 순능력 자산은 자산에서 부동산 시세차익을 제외한 개념입니다. 순능력 자산은 손익계산서상 이익 총합과 같은 개념입니다.

만약 결혼 당시 자산이 1억 원이었고 10년이 지나 지금 순자산이 4억 원이라면, 10년 동안 3억 원의 자산이 증가했다고 볼 수 있습니다. 그러나 10년 동안 3억 원이 늘어났다고 좋아하기에는 아직 이릅니다. 단순히 부동산 가치가 올라가서 증가한 것인지 아니면 손익계산서상의 이익도 매년 함께 증가시켜온 것인지 따져볼 필요가 있습니다.

정리하면 부동산 가치 상승분과 자신의 능력으로 인한 자산 상승분을 나눠 분석해봐야 합니다. 그래야 그동안 재정 상태를 얼마나 건전하게 유지해왔는지 평가할 수 있습니다.

만약 대부분 자산이 부동산 가치 상승으로 이뤄진 것이라면 그동안 번 돈은 다 쓰고 살았다는 뜻입니다. 이 경우 자산이 많다고 자랑하거나 자부심을 느낄 게 아니라 오히려 방만한 재무 관리를 반성해야 합니다.

> 회알못 - 그런데 현재 순자산 13억 원이 있고 남편이 5년 더 일할 수 있으니 이 부부 미래는 걱정 없어 보입니다.
>
> 택스코디 - 아닙니다. 단기적으로 장기적으로도 이 가정의 미래를 순탄하게만 볼 수 없는 요소들이 있습니다.

부자가 되려거든 기록하라

먼저 단기적으로는 유동성 부족, 즉 현금이 부족할 수 있습니다. 만약 소유하고 있는 집으로 돌아가야 한다면 돌려줘야 할 전세보증금이 5억 원입니다. 그러나 당장 마련할 수 있는 돈은 주거하는 집 전세보증금 4억 원과 현금 6천만 원뿐입니다. 결국, 4천만 원이 모자라는 유동성 부족 현상을 겪을 수밖에 없습니다.

조금 더 길게 보면, 자녀 둘의 결혼도 있습니다. 내년 결혼 예정인 큰아들은 모아놓은 돈 5천만 원이 전부라 서울에서 신혼집을 마련하기에는 턱없이 부족합니다. 작은아들도 5년 이내에 결혼한다면, 서울에서 전세를 얻는 데 한 명당 적어도 3억 원은 필요합니다. 그러나 이 집에서 꺼내 쓸 수 있는 돈은 퇴직금뿐입니다. 노후 자금이 줄어드는 위험을 무릅쓰고 이 부부는 퇴직금을 꺼내 자녀 결혼 자금으로 써야 합니다. 이대로라면 작은아들이 결혼할 때 나머지 퇴직금을 다 쓰고 모자라는 돈은 아파트 담보대출을 얻어 결혼 자금을 해결할 수밖에 없습니다.

아파트 담보대출을 받으면 남편이 은퇴한 후 연금 이외의 소득이 없으므로 연금으로 담보대출을 갚아 나가야 할 테고, 생활이 쪼들릴 각오를 해야 합니다. 연금을 받으며 여유로운 노후를 보내겠다는 기대는 애초에 하지 않는 게 현명할지 모릅니다.

물론 연금조차 없는 대다수와 비교해 이 가정은 아파트라는 자산과 연금이라는 미래 소득이 있습니다. 매우 다행스러운 일이지만, 13억 원의 자산과 노후연금이라는 화려한 겉모습만 보고 살아온 이 부부에게 앞으로 닥칠 미래의 모습은 큰 충격입니다. 지금이라도 돈 관리를 제대로 해야겠다는 각성을 해야 합니다.

재무상태표 쉽게 써보자

기업에서 자산과 부채를 보여주는 재무상태표는 기업 가치를 나타내주는 표입니다. 가정에서도 우리 집이 얼마나 부자인지 알고 싶다면 먼저 재무상태표를 작성해야 합니다.

앞서 살펴본 손익계산서가 일정 기간의 재무성과나 손실을 파악할 수 있는 성적표라면, 재무상태표는 우리 집의 재무 상황(재무건전성과 위험성)을 들여다볼 수 있는 건강진단서와 같습니다.

> 회알못 - 우리 집 재무상태표를 써 보려는데, 어떻게 해야 하나요?
> 택스코디 - 재무상태표를 만드는 과정은 간단합니다. 다음과 같습니다.

날짜를 특정한다 → 재산목록과 금액을 적는다 → 부채 목록과 금액

을 적는다 → 차이 내역을 적는다

이게 끝입니다. 간단하죠. 이때 주의할 점은 다음과 같습니다.

• 대충 쓴다: 너무 자세하게 적을 필요는 없습니다. 재산목록에 3년 전에 산 책까지 적을 필요는 없습니다.

• 현재 시세로 적는다: 현재 시세를 정확하게 반영해서 적어야 합니다. 예를 들어 3억 원에 구매한 집이 4억 원이라면 현 시세대로 4억 원이라고 씁니다.

• 현재 팔 수 있는 것만 쓴다: 돈이 안 되는 것은 재산으로 적으면 안 됩니다. 자동차를 3천만 원 주고 사서 10년을 사용할 계획이라도, 재산목록에는 처분 시 중고차 딜러에게 받을 수 있는 금액을 적어야 합니다.

회알못 - 현재 2억 원 전세로 살고 있고 저축한 돈은 3천만 원입니다. 자동차는 2천만 원(현재 시세) 정도 됩니다. 또 전세대출 4천만 원과 신용대출 1천만 원이 있습니다. 재무상태표를 작성하면 어떻게 되나요?

택스코디 - 다음 표와 같습니다. 2023년 12월 31일, 회알못 씨의 순수한 재산(자본)은 2억 원입니다.

재무상태표			

2023년 12월 31일 현재

자산		부채	
전세금	2억 원	전세대출	4천만 원
저축	3천만 원	신용대출	1천만 원
자동차	2천만 원	자본	
		종잣돈	2억 원
합계	2억 5천만 원	합계	2억 5천만 원

우리 집 재무상태표를 조금 구체적으로 작성하려면, 자산 종류에 따라 정리해가면 됩니다. 먼저 자산 항목부터 정리해봅시다. 유동성이 큰 것부터 써야 하므로 금융자산 → 부동산 자산 순으로 쓰면 됩니다.

부동산은 거주하는 주택뿐만 아니라 임대용 주택이나 토지도 빠뜨리지 않아야 합니다. 금융자산도 유동성이 큰 것부터 나열한다면 현금 → 원금 보장성 저축(단기) → 원금 보장성 저축(1년 이상) → 원금 손실 가능 투자상품 → 장기 목적성 상품 순으로 정리하면 됩니다.

부채 항목 역시 유동성이 큰 부채, 즉 빨리 갚아야 하는 부채부터 쓰면 됩니다. 신용카드 대금 또한 부채이므로 잊지 말고 기재해야 하며 임대한 주택의 보증금도 반드시 포함해야 합니다. 부채를 갚는 중이라면, 이자만 갚고 있을 때는 부채 원금에 남은 거치 기간의 이자를 합한 것이 부채입니다. 원금을 갚고 있다면 앞으로 갚아야 할 원금과 이자 금액 합계를 부채로 보면 됩니다. 남은 대출 원리금 계산은 인터넷에서 대출금 계산기를 검색해 사용하면 쉽게 산출할 수 있습니다.

참고로 기업 재무상태표에는 자본이라는 항목이 있지만, 가정경제에서는 자산에서 부채를 뺀 순자산이라는 개념으로 접근하는 게 더 직관적입니다. 이 순자산이 바로 우리 집 재산을 보여주는 숫자입니다.

우리 집 목표를 정해보자

우리 집 재무현황 파악을 끝냈다면, 이제 목표를 정할 차례입니다. 여기서도 구체적인 수치와 규모에 대한 목표가 필요합니다. 그냥 재산 5억 원보다는 'ㅇㅇ지역 20평대 아파트 6억 원'으로 정하는 것이 좋고, 차도 '제네시스급으로 5년 이내 장만' 정도가 좋습니다. 그리고 목표는 장기 목표와 단기 목표로 나눠야 합니다.

회알못 - 장기 목표라고 하면 몇 년을 기준으로 하나요?
택스코디 - 4~5년 정도를 장기로 보면 됩니다. 그 이상은 목표가 아니라 버킷리스트라고 생각합니다. 다음은 장기 목표 예시입니다.

부자가 되려거든 기록하라

재무상태표 (장기 목표)			

2027년 12월 31일 현재

자산		부채	
전세금	2억 원	전세대출	4천만 원
저축	3천만 원	신용대출	1천만 원
자동차	2천만 원	자본(순자산)	
현금	7천만 원	종잣돈	2억 원
		번 돈	7천만 원
합계	3억 2천만 원	합계	3억 2천만 원

위 장기 목표는 조금 거창합니다. 하지만 단기 목표(1년 목표)는 매우 현실적으로 될 수밖에 없습니다. 그리고 한계도 명확합니다.

단기 목표는 장기 목표를 명확히 보게 합니다. 그래서 우리는 더욱 열심히 살 수도 있고, 반대로 좌절하게도 합니다.

이게 중요합니다. 공부로 답이 안 나온다거나 그런 삶이 싫다면, 개인사업처럼 다른 경로로 틀어야 합니다. 이런 의미에서 단기 목표는 나의 현재 삶에 변화를 줄 수 있는 강력한 도구입니다.

다음은 단기 목표 예시입니다.

재무상태표 (단기 목표)			

자산		부채	
전세금	2억 원	전세 대출	4천만 원
저축	3천만 원	신용 대출	1천만 원
자동차	2천만 원	자본	
현금	1,750만 원	종잣돈	2억 원
		번 돈	1,750만 원
합계	2억 6,750만 원	합계	2억 6,750만 원

자산을 정확히 파악하자

자산을 불리고 축적하고자 하는 행동은 자본주의 사회를 살아가는 우리들의 자연스러운 모습입니다. 재테크로 통칭 되는 자산 불리기 활동은 이제 필수 능력처럼 여겨지며 수많은 투자 성공담과 실패담이 회자가 되기도 합니다. 그만큼 자산 불리기는 우리 모두의 최고 관심사라 해도 전혀 과언이 아닙니다.

그런데 자산이 있다는 건 어떤 의미일까요? 회계에서 자산은 미래에 경제적 효과나 이익을 가져다줄 것을 기대할 수 있는 자원이라고 합니다. 즉 자산은 더 많은 자산을 축적할 수 있는 기반이 되거나 더 많은 소비를 통해 편익을 누리게 하는 가능성을 제공합니다. 여기서 문제는 자산을 불리고 싶다는 욕망만큼 준비와 고민은 하지 않는다는 것입니다.

가장 큰 문제가 자산을 정확히 파악하지 못한다는 점입니다. 혹시 여러분도 얼마의 자산이 있는지, 대출은 얼마까지 받을 수 있는지 정확히 알지 못하면서 남들이 좋다니까 혹은 재테크 책에서 추천하니까 이곳저곳 기웃거리고 있지는 않은가요?

자산 그리고 부채에 대한 정확한 분석과 평가는 돈을 불리기 전에 가정 먼저 해야 하는 과정입니다. 이 책에서 말하고 있는 내용을 바탕으로 자산 분석을 먼저 진행한 후 재테크에 뛰어들어도 늦지 않습니다.

회알못 - 유동자산, 비유동자산은 무엇을 말하는 건가요?

택스코디 - 유동자산이란 쉽게 현금화할 수 있는 자산입니다. 기업에서 유동자산은 통상 1년 이내에 현금화될 것으로 예상하는 자산을 의미합니다. 유동자산이 풍부하다는 건 현금이 많다는 뜻이므로 유동자산은 기업의 안전판으로 여겨집니다. 가정에서도 마찬가지입니다. 현금 자산이 많다면 돈 문제로 어려움을 겪거나 빚을 질 위험이 없습니다. 그러므로 한 가정의 지속 가능한 살림살이를 위해서는 유동자산을 첫 번째로 파악해야 합니다.

1년 이내에 현금화할 수 있는 자산이라면 대표적인 것이 현금과 1년 이내 만기가 도래하는 단기 금융상품을 들 수 있습니다. 1년 이내에 회수 가능하다면 빌려준 돈도 유동자산에 해당합니다.

다음 비유동자산은 1년 이상 후에 보유하게 될 자산입니다. 만기가 1년 이상 남아있는 금융상품, 거주하고 있는 집이나 소유하고 있는 자동차, 투자 용도로 가지고 있는 부동산도 1년 이내에 팔 계획이 없다면 비유동자산입니다. 만약 보유한 집이 없고 전세나 월세 보증금만 있다면 이 또한 비유동자산입니다. 빌려준 돈이 있는데 1년 이후 받을 예정이라면 역시 비유동자산입니다.

> 회알못 - 그럼 언제든지 팔 수 있는 투자성 자산, 즉 주식이나 펀드, 채권, ELS 같은 파생상품은 유동자산인가요? 비유동자산인가요?
>
> 택스코디 - 비유동자산입니다. 투자 수익을 목적으로 보유하고 있는 주식, 펀드나 장기 납입해야 하는 보험은 비유동자산으로 분류됩니다. 투자상품은 장기투자를 원칙으로 하므로 쉽게 현금화할 수 없는 자산으로 분류하는 것이 옳습니다.

자산은 눈에 보이는 것과 보이지 않는 것으로 나눌 수도 있습니다. 유형자산은 부동산이나 금융자산 등 실체가 있는 것으로, 자산이라고 하면 대부분 유형자산을 말합니다. 그렇다면 보이지 않는 자산이란 무엇일까요? 앞서 자산은 미래에 경제적 효익을 가져다주는 것이라고 했습니다. 눈에 보이지 않지만, 경제적 효익을 가져다주는 대표적 자산은 바로 '나', 즉 노동력입니다. 인간의 노동력이야말로 가장 원초적 자산입니다.

내가 가진 노동력이 시장에서 어떻게 평가받느냐에 따라 수입의 크기가 달라집니다. 숙련노동자나 전문노동자라면 그 가치는 더 클 것입니다. 요즘은 지적 재산권도 무형자산의 큰 부분을 차지합니다. 기업이

힘 있는 브랜드를 확보하려 하고 브랜드 자체가 엄청난 금액으로 산정되는 것과 마찬가지로 개인도 브랜드 가치가 있다면 그것은 큰 자산이 될 수 있습니다. 유명 작가나 작곡가, 화가의 이름만으로도 작품의 가치가 커지는 것과 같은 이치입니다. 매년 봄만 되면 예외 없이 울려 퍼지는 노래 한 곡으로 인해 해마다 저작권료를 챙기는 가수의 노래가 〈벚꽃 엔딩〉이 아니라 '벚꽃 연금'으로 불리는 것만 봐도 알 수 있듯이 지적 재산권은 만약 가지고만 있다면 무시할 수 없는 자산입니다.

회알못 - 그럼 내가 가진 무형자산의 가치는 어떻게 계산할 수 있나요?

택스코디 - 계산하기는 어렵지 않습니다. 한 달에 300만 원을 버는 사람이 있다고 합시다. 제1 은행권에서 받을 수 있는 예금 이자가 최고 2%라고 할 때, 월 300만 원의 예금 이자를 얻기 위해서는 18억 원을 예치해놓아야 합니다. 이자에 붙는 세금을 고려하면 예치 금액은 더 커집니다. 한 달에 300만 원을 번다는 건 18억 원의 자산을 소유한 것과 같은 경제적 효익이 있고, 한 달에 500만 원을 번다면 30억 원의 자산을 가진 것과 같습니다.

자산 가치로서 노동력을 보면 막대한 노후 자금에 관한 두려움도 조금은 사라집니다. 노후에 10억이 필요하네, 20억이 필요하네 하는 기사를 자주 접합니다. 당장 10억 원을 어떻게 모으나 싶지만 한 달에 100만 원을 벌 수 있으면 이미 6억 원이라는 자산이 있는 것과 같습니다. 제2의 직업, 제3의 직업을 준비하며 많이 벌지 않더라도 직업의 수명을 늘려간다면 이미 상당한 노후자산을 확보한 것이나 다름없습니다.

거주하는 집의 시세에
일희일비할 필요는 없다

흔히 가정에서 자산은 부동산 자산과 금융자산으로 구분합니다. 부동산 자산은 토지나 건물이고 금융자산은 은행에 넣어둔 현금과 각종 금융상품을 말합니다. 금융자산에서 현금성 자산은 현금과 수시 입출금이 가능한 예금입니다.

금융상품은 다시 3가지로 구분하는데 다음과 같습니다.

• 원금 손실 가능성이 없는 금융상품: 예금이나 적금처럼 정해진 금액을 만기에 돌려받는 금융상품은 중도에 해지해도 원금은 보전되므로 이에 속합니다.

• 원금 손실 가능성이 있는 투자성 상품: 주식이나 펀드, 채권, ELS 같

은 파생상품입니다. 타인에게 빌려준 돈도 포함되는데 개인 간의 금전 거래는 떼일 가능성이 존재하므로 원금 손실 가능성이 있는 자산으로 분류합니다.

• 장기 목적성 금융상품: 저축성 보험이나 연금상품 등이 대표적입니다. 최소 3년 이상 최대 종신 기간 내야 하는 상품들은 해약 시 손해를 보는 경우가 많고 장기적으로 납입해야 하므로 가입에 신중해야 하는 금융상품입니다.

우리나라 대부분 사람의 자산은 금융상품보다 부동산에 집중되어 있습니다. 그런데 부동산 중 투자용이 아니라 거주하고 있는 집은 꼭 필요하다는 점에서 다른 자산과는 다른 특징이 있습니다. 다른 자산은 팔아서 현금화해 들고 있을 수 있지만, 거주하는 집은 그러지 못합니다. 판다 해도 다시 부동산에 자산을 투입해야 합니다. 집을 팔고 전세를 살아도 전세보증금으로 자산을 사용해야 합니다.

거주하고 있는 집값이 5억 원에서 6억 원으로 올랐습니다. 앉아서 1억 원을 벌었다는 생각에 자다가도 웃음이 나옵니다. 그런데 6억 원이라는 숫자는 호가, 즉 장부상의 숫자에 불과할 뿐 확실하게 실현된 이익이 아닙니다. 팔아서 내 주머니에 들어와야 이익입니다. 3만 원 주고 산 주식의 현재가가 6만 원이라고 3만 원을 벌었다고 말할 수 없습니다. 내일, 또 한 달 뒤 어떻게 될지 모르기 때문에 실제로 팔았을 때 이익이 진짜 이익입니다. 물론 부동산은 가격 변동성이 주식처럼 크지 않지만 팔아서 내 주머니에 돈이 들어와야 이익이라는 사실은 변하지 않습니다.

만약 1억 원의 이익을 보고 집을 팔았다면 어떻게 될까요? 거주하는 집을 팔았으니 다시 집이 필요해집니다. 문제는 내 집만 오른 게 아니라는 점입니다. 같은 수준의 집을 사려면 5억 원이 필요하니 결국 남는 돈은 없습니다. 자가였다면 전세로, 강남이었다면 강북으로, 30평대 집이었다면 20평대로, 지하철역 도보 5분이었다면 마을버스를 타야 하는 상황으로 디그레이드해 집을 구한다면 1억 원의 이익은 호주머니에 남습니다. 그러나 거의 100%의 사람들은 오히려 1억 원의 빚을 더해 7억 원짜리 더 큰 집을 삽니다. 역시 돈은 부동산으로 버는 거라 되뇌면서 말이죠.

결국, 6억 원짜리 집을 다시 산다면 달라지는 게 별로 없고, 7억 원짜리 집을 산다면 1억 원의 빚이 다시 생깁니다.

집값이 오르면 소유한 입장에서는 기쁩니다. 그러나 거주하고 있는 집의 가치는 오르건 내리건 별 차이가 없습니다. 집을 팔고 집값이 저렴한 지방이나 시골로 이주하지 않는 한 거주하는 집의 시세에 일희일비할 필요는 없다는 뜻입니다.

부자가 되려거든 기록하라

3장

숫자를
해석하라

1

우리 집 재무제표를
해석해보자

유동 비율이
100% 이상인가?

　　손익계산서와 재무상태표를 작성해 우리 집 재정 상태를 객관적이고 구체적으로 파악해보았습니다. 그런데 숫자 파악보다 중요한 것이 해석입니다. 숫자가 말하는 것은 무엇인지, 어떤 방향을 가리키고 있는지 알 수 있어야 합니다.

　　지금까지 주변의 근거 없는 조언이나 어서 부자가 되고 싶은 조급함 또는 돈 문제를 회피하려는 태도로 돈에 대한 의사결정을 해왔습니다. 단순히 근검절약하는 태도만 있다는 것도 위험하기는 마찬가지입니다. 이제는 돈을 벌 때, 쓸 때, 모을 때, 불릴 때 모두 근거를 통해 행동해야 합니다. 그 원칙과 근거 역시 숫자로부터 시작합니다.

　　돈과 관련한 숫자를 평가할 때 중요한 것은 첫째도, 둘째도, 셋째도 모두 안정성입니다. 기업은 생명이 없는 존재이고 망하면 그걸로 끝이지만 가정은 다릅니다. 가정은 가족 구성원의 삶을 지속해서 유지하는 것이 우선이자 필수 조건입니다. 그러나 사회가 복잡해지고 발전하면서 직업이나 자산의 안정성은 점점 더 떨어지고 있습니다. 따라서 최소한의 안정성을 확보하는 건 가정경제를 운영하는 데 일차적인 과제로 아무리 강조해도 지나치지 않습니다.

결론부터 말하자면 한 가정의 단기적 안정 지표에서 유동 비율은 100% 이상이어야 합니다.

> 회알못 - 유동 비율이 무엇인가요?
> 택스코디 - 유동 비율이란 유동자산을 유동부채로 나눈 값을 말합니다.

- 유동 비율(%) = (유동자산 / 유동부채) × 100

유동은 유동성을 줄인말로 자산을 현금으로 전환할 수 있는 속도를 말합니다. 유동성이 있는지 없는지는 1년을 기준으로 따집니다. 즉, 유동자산은 1년 이내에 현금화할 수 있는 자산을, 비유동자산은 1년 이내에 현금화하기 어려운 자산을 말합니다. 부채도 마찬가지입니다. 유동부채는 1년 이내에 갚아야 하는 부채를, 비유동부채는 1년 이내에 갚지 않아도 되는 부채를 말합니다.

만약 1년 이내에 갚아야 할 부채가 1,000만 원인데 같은 기간 현금화할 수 있는 돈이 500만 원이라면 유동 비율은 50%, 1,500만 원이라면 150%가 됩니다.

기업에서 유동 비율은 1년 미만의 단기부채 상환 능력을 분석하기 위한 지표로, 유동 비율이 높을수록 단기부채 상환 능력이 크다는 것을 의미합니다. 이를 가정에도 적용해볼 수 있습니다. 만약 유동 비율이 100%가 안 되면 빚을 갚지 못하게 되고, 이 경우 추가로 부채를 일으켜야 하나 불가능하다면 부채가 연체되어 신용불량자가 될 수 있습니다. 따라서 유동 비율은 1년 이내에 재무적 위험이 발생할 가능성이 있는지 파악하는 지표입니다.

유동 비율을 계산하기 위해서는 먼저 유동자산을 파악해야 합니다. 재무상태표상의 유동자산은 현시점의 유동자산을 말합니다. 그런데 앞으로 1년간 유동자산이 추가로 생길 수 있으므로 이것까지 예측해서 합산해 유동자산으로 볼 수도 있습니다. 만약 현재 유동자산이 500만 원이고 앞으로 1년 동안 500만 원의 유동자산이 추가될 예정이라면 총 유동자산은 1,000만 원으로 산정할 수 있습니다.

유동자산 파악이 끝났으면 이제 부채를 계산해야 합니다. 기업에서는 1년 안에 만기가 돌아오는 부채를 유동부채라고 하고 이것으로 유동 비율을 계산합니다. 그러나 가정경제에서는 만기에 일시상환하기보다는 매월 부채를 갚아 나가는 경우가 많습니다. 따라서 매월 갚고 있는 돈을 부채 금액으로 산정하는 것이 바람직합니다. 만약 월 상환액이 70만 원이라면, 1년 치 840만 원이 향후 1년 동안 상환할 부채입니다.

부자가 되려거든 기록하라

가정경제를 꾸리는 데 유동 비율 100%를 유지하는 일은 매우 중요합니다. 부채 상환은 중간에 멈출 수가 없으므로 유동 비율은 예외 없이 100% 이상이어야 합니다. 만약 1년 이내에 확보 가능한 유동자산까지 포함해도 유동 비율이 100%가 넘지 않는다면 조만간 신용불량, 기업으로 치자면 부도가 나는 상황이라는 의미입니다.

따라서 유동 비율이 100% 이하라면 묻지도 따지지도 말고 긴축재정을 실시해야 합니다. 모든 지출을 줄이고 허리띠를 졸라매야 합니다. 재무상태에 위험 신호가 켜진 것이므로 초절약 모드로 전환해야 합니다.

역사상 가장 위대한 투자자 중 한 명으로 꼽히는 벤저민 그레이엄에게는 두 명의 제자가 있었습니다. 그중 한 명은 현존하는 최고의 투자자 워런 버핏입니다. 다른 한 명은 월터 슐로스인데, 워런 버핏과 비교해 국내에 널리 알려지지는 않았습니다. 하지만 그 역시 자신의 이름을 걸고 만든 투자조합을 45년간 유지했고, 연평균 수익률이 15.7%(누적 수익률로 환산하면 약 721배)를 넘습니다.

워런 버핏은 월터 슐로스에게 특급 투자자라며 찬사를 아끼지 않았습니다. 월터 슐로스는 대학을 나오지 않았고, 투자조합을 운영하면서 기업탐방이나 CEO 미팅보다는 재무제표를 기준으로 투자한 것으로 유명합니다. 그는 재무제표만으로 어떻게 좋은 회사를 찾아냈을까요? 그가 주목한 것은 바로 유동자산이었습니다. 그는 유동자산만이 기업의 안정성을 확인할 수 있는 핵심적인 지표이며, 유동 비율이 200% 이상이면 재무가 안정적인 회사로 보았습니다.

회알못 - 그럼 월터 슐로스는 왜 회사 유동 비율이 200% 정도일 때 안정적이라고 보았나요?

택스코디 - 회사는 재무 위기에 봉착하면 유동자산을 처분해 현금을 조달해야 합니다. 유동자산은 당좌자산과 재고자산으로 구성되는데, 당좌자산은 현금, 현금성 자산, 단기투자자산, 매출채권 등으로 구성됩니다. 이 중 다른 자산은 현금화하기 어렵지 않으나 매출채권은 상대방이 빨리 갚지 않는 이상 현금화에 시간이 걸릴 수 있습니다. 재고자산은 판매하기 위해 보유하고 있는 자산인데, 빨리 현금화하려면 헐값에 넘겨야 할 수도 있습니다. 결국, 위기상황에서는 유동자산 중 일부를 회수할 수 없거나 싸게 팔아야 하므로, 실제 가치가 회계장부상 가치보다 낮을 수 있습니다.

그는 유동자산을 현금화해 회수할 수 있는 금액을 장부금액 대비 50% 수준으로 보고, 그 금액으로 유동부채를 다 갚을 수 있어야 한다고 보았습니다. 즉 유동자산이 유동부채의 2배가 되어야 회사의 재무가 안정적이라고 본 것입니다.

유동 비율은 기업의 신용 능력을 판단하는 중요한 기준입니다. 보통 200%를 이상적인 기준으로 보지만 우리나라에서는 130~150% 수준도 양호하다고 봅니다. 반면 유동 비율이 100% 미만이면 기업에 돈이 돌지 않는 유동성 위기가 올 수도 있습니다.

부자지수와 부채비율은
얼마인가?

자신의 현재 상황이 좋은지, 또는 나쁜지, 만약 나쁘다면 얼마나 나쁜지 정도만 알아도 문제의 반은 해결됩니다. 현재 상황을 바탕으로 계획만 잘 세워도 안정된 자금관리의 반은 이룬 셈입니다. 그러므로 내가 지금 평균 대비 우수한지, 보통인지, 이하인지부터 평가해야 합니다.

자산을 분석하는 데 필요한 지표는 크게 두 가지가 있는데, 하나는 '부자지수'이며, 다른 하나는 '부채비율'입니다. 먼저 부자지수는 자신이 부자가 될 가능성이 얼마나 큰지 알아보는 공식이며 다음과 같습니다.

- 부자지수 = {[(총자산 - 총부채)×10] / (나이×월 소득×12개월)}) × 100

예를 들어 나이가 40세, 월 소득은 400만 원, 자산은 3억 원, 부채는 1억 원 있다고 가정해 계산해 봅시다.

$$\{[(3억 원 - 1억 원)) \times 10] \ / \ (40세 \times 400만 원 \times 12개월)\}) \times 100 = 104.16\%$$

- 50% 이하: 자산 관리가 미흡하며 소비와 지출형태에 문제가 있음
- 50% 초과 100% 이하: 자산 관리는 평균 수준이며 부자가 되기 위해 더 노력해야 함
- 100% 초과 200% 이하: 자산 관리를 잘하고 있으며 무난한 수준의 부를 유지할 가능성이 큼
- 200% 이상: 자산 관리에 아주 능하며 부자가 될 가능성이 매우 큼

이제 우리 집 부채비율은 어느 정도인가 살펴봅시다. 부채비율은 자산에서 부채가 차지하는 비율입니다. 자산이 크다 해도 부채비율이 높다면 재무상태는 건강하지 못하며 항시 위험에 노출돼있는 셈입니다. 가정경제에서는 재무상태표에서 구한 자산을 분모로 하고 부채를 분자로 해서 부채비율을 구할 수 있습니다. 부채비율이 높다면 지출해야 할 이자 비용이 많고 여유 자금을 축적할 기회가 없다는 뜻입니다. 이 경우 돈 쓸 일이 생기거나 지출이 늘어나면 추가로 빚을 내야 하는 악순환에 빠집니다.

만약 부채비율이 100%라면, 빚을 갚고 나면 한 푼도 남지 않는다는 의미입니다. 파산하는 경우가 여기에 해당합니다. 적어도 빚을 갚고 나서도 기존과 같은 생활을 유지할 수 있는 수준이 적절한 부채비율입니다. (여기서 부채는 주택담보대출과 신용대출 등을 포함한 모든 대출을 말합니다.)

부자가 되려거든 기록하라

- 부채비율 = (총부채 / 총자산) × 100

예를 들어, 총자산이 3억 원, 총부채가 1억 원이라고 가정해 부채비율을 계산하면 다음과 같습니다.

(총부채 / 총자산) × 100 = (1억 원 / 3억 원) × 100 = 33.33%

- 20% 이하: 부채의 상태가 건전함
- 20% 초과 40% 이하: 부채의 상태가 위험함
- 40% 초과: 부채의 상태가 매우 위험함

다음은 부자지수와 부채비율을 나타낸 표입니다.

자산		부채	
주택	2억 원	주택담보대출	5천만 원
예금	1억 원	마이너스대출	5천만 원
합계	3억 원	합계	1억 원
순자산	2억 원 (총자산 총부채)		
부자지수	104%		
부채비율	33%		
평가	부자지수: 보통 부채비율: 다소 위험		

기업이나 법인은 매년 재무제표를 작성하고 분석하지만, 개인은 그렇지 않습니다. 개인도 기업처럼 수입과 지출을 분석해 예산을 수립하고, 자산과 부채를 분석해 부자지수와 부채비율을 파악해야 합니다.

가령 4억 원짜리 부동산에 담보대출 2억 원이 있다면 부채비율은 50%입니다. 만약 부동산을 처분해 부채를 갚는다면 2억 원이 남습니다. 이 돈으로는 같은 수준의 집을 구할 수 없습니다. 그래서 월세를 구하면 월세 지출이 추가되므로 이전보다 지출이 늘어납니다. 따라서 매매가 대비 전세가인 전세가율을 기준으로 적절한 부채비율을 산정해볼 수 있습니다.

2023년 5월 서울 전세가율은 73.3%입니다. 그렇다면 26.7%(100% - 73.3%)가 안정적인 부채비율이라고 볼 수 있습니다. 이 이상이라면 부채가 청산됐을 때 생활환경은 지금보다 열악해질 것입니다. 따라서 부채비율은 가능한 한 30%를 넘지 않는 것이 좋습니다. 30% 이상이라면 재무상태에 위험 신호가 커졌다고 봐야 합니다. 적어도 50% 이상은 넘지 않도록 관리해야 합니다.

참고로 부동산 대출 규제 방안 중 하나인 LTV가 바로 담보 가치에 대한 부채비율을 얼마나 잡을 것인가에 관한 내용입니다. LTV는 담보인정 비율(Loan-To-Value ratio)로, 금융기관에서 대출할 때 담보물의 가격에 대비해 인정해주는 금액입니다. LTV 또한 지역에 따라 다르나 대부분 50%를 넘지 않으며 투기과열지구는 40%입니다. 자산 대비 부채비율이 최소한 50%를 넘지 말아야 한다는 기준이 여기에도 적용되는 것입니다.

부자가 되려거든 기록하라

자산증가율,
장기적인 흐름을 파악하자

지금보다 내년이, 내년보다는 5년 후가 더 좋아야 합니다. 미래가 현재보다 더 좋아지리라는 기대는 삶에 대한 만족과 행복을 유지하기 위한 중요한 일입니다. 지금 상황이 열악하다 해도 앞으로 좋아진다는 확신이 있다면 오늘의 고통이나 불편함은 참을 수 있습니다. 그러나 지금은 아무런 문제가 없지만, 앞으로 나빠질 거라고 예상한다면 일상은 행복할 수 없으며 지금의 편안함은 바늘방석처럼 느껴질 것입니다.

자산이 전년 혹은 전월 대비 증가한 비율을 자산증가율이라고 합니다. 자산증가율, 순자산증가율 모두 사용할 수 있지만, 정확한 증가 상태를 알기 위해서는 순자산증가율을 파악하는 것이 바람직합니다.

재무상태표를 매년 작성하는 것은 이런 점에서도 필요합니다. 작년 순자산과 올해 순자산을 비교해서 증가율을 파악할 수 있습니다. 수익이 늘어나고 부동산 가격이 올랐다면, 순자산은 증가했을 것입니다.

· 총자산증가율(%) = {(당기 말 총자산 − 전기 말 총자산) /

전기 말 총자산} × 100

순자산은 매년 증가하는 것이 맞습니다. 기업이라면 매년 매출이 늘어나고 기술 개발로 원가가 절감되는 과정에서 이익이 늘어나 순자산이 증가합니다. 그렇지 않은 기업은 아마도 시장에서 사라질 것입니다.

그렇다면 가정경제는 어떨까요? 시간이 지나면 소득이 증가하고 자산 가치도 오르니 순자산이 점점 늘어날까요? 소득과 자산 가치만 따지면 순자산이 증가하는 게 맞지만, 가정경제는 시간이 지날수록 비용이 커지는 속성이 있습니다. 수입이 늘어나는 속도가 비용이 늘어나는 속도를 따라가지 못하는 게 현실입니다. 따라서 매년 순자산이 늘어나야 하지만 쉽지 않은 게 현실입니다.

회알못 - 그럼 순자산증가율 평가는 어떻게 하나요?

택스코디 - 최소한 이 정도는 증가해야 한다는 기준으로 국가의 경제 성장률을 들 수 있습니다. 내가 사는 나라의 경제 성장률만큼 내가 가진 순자산도 늘어나는 것이 정상입니다. 따라서 순자산증가율 최소 기준은 국가 경제 성장률이 됩니다. 따라서 순자산 성장률의 최소 기준은 연 3%로 산정할 수 있습니다.

또 한 가지 기준은 인플레이션입니다. 물가 상승으로 인해 시간이 지날수록 자산의 가격은 오르게 돼 있습니다. 따라서 최소한 물가 상승률 만큼의 성장률을 보여야 합니다. 명목상이 아니라 실질적으로 최소한 마이너스 성장을 하지 않으려면, 국가 경제 성장률이 우리 집이 최소한 반드시 달성해야 하는 순자산 성장률 기준이 됩니다.

순자산 성장률을 파악하면 앞으로 우리 집 자산이 어떻게 변화할지 예측할 수 있습니다. 가령 지금까지 평균 6%의 자산 성장률을 기록했다고 합시다. 연 6%라면 자산이 2배가 되는 데 걸리는 시간은 12년입니다. 자산이 3억 원이라면 12년 뒤 6억 원이 된다고 예상할 수 있습니다.

우리는 장기적인 흐름을 파악하기보다는 당장의 현상에 매몰되기 쉽습니다. 그래서 올해 집값이 올랐다거나 주식투자로 높은 수익률을 올렸다는 것만 기억하고 자산이 늘었다고 생각합니다. 그러나 자산 가격이 오르고 수익률이 높았던 건 유유히 흘러가는 시간 속에서 단지 2~3년 동안 나타난 현상일 뿐입니다. 부동산 가격이 계속 오르고, 주식 시장 상승이 몇 년간 계속되리라는 생각은 근거 없는 낙관론입니다. 장기적인 순자산 증가율을 파악하고 있지 않다면 이처럼 근거 없는 낙관론에 빠지기 쉽습니다.

순자산증가율뿐만 아니라 소득과 순이익 증가율도 구해볼 수 있습니다. 우리 집의 전년 대비 소득 증가율이 얼마인지, 순이익은 증가하고 있는지 숫자를 파악해보면 휴일도 없이 열심히 일하는데 살림살이는 왜 나아지지 않는지 그 해답을 얻을 수 있습니다.

소득 증가가 비용 증가를 못 따라가 이익 증가율이 점점 떨어지고 있다는 해답을 얻었다면, 문제 해결의 실마리도 함께 구해집니다. 비용 증가를 줄이기 위한 구체적인 행동이 필요한 것입니다.

숫자를 보지 않고, 숫자가 말하는 의미를 듣지 않는다면 항상 제자리걸음, 아니 뒷걸음치는 재무상태에 대해 답답함을 해소할 수 없습니다.

지금까지 살펴본 숫자들이 가리키는 방향이 하나같이 지출 구조조정인 상황이라면, 긴말이 필요 없습니다. 당장 지출 구조조정에 나서야 합니다. 비용 절감은 선택이 아닌 필수입니다. 이왕 해야 할 일이라면 좀 덜 힘들게, 체계적이고 합리적인 방법을 알아봅시다.

부채,
소득의 얼마 정도가 적당한가?

돈을 빌릴 때 이 돈을 갚지 못할 거라 말하며 빌리는 사람은 없을 것입니다. 자신은 충분히 갚을 능력이 있다고, 조금 더 절약하면 빚을 갚을 수 있을 거라고 말하고 부채를 일으킵니다. 그러나 현재 벌고 있는 수입과 지출에 대한 정확한 분석 없이 머릿속에서 대충 산정한 금액으로 어림짐작하는 경우가 대부분입니다. 결론부터 말하자면 빚을 지기 전에 반드시 수입과 지출 분석을 통해 상환 능력을 점검해야 합니다.

부채 상환에 쓰이는 비용이 총수입의 얼마 정도를 차지해야 하는지 정부에서도 DTI라는 이름으로 규제하고 있습니다. DTI(Debt To Income ratio), 즉 총부채 상환 비율은 소득과 비교해 얼마나 많은 원금과 이자를 상환하는가를 뜻합니다. 부동산 경기와 정부 정책 방향에 따라 DTI는 변동해왔는데 2023년 기준으로 투기지역은 40%입니다. 즉 연 소득의 40% 이내 금액만으로 부채의 원금과 이자를 갚아 나가야 한다는 뜻입니다.

　그러나 정말로 소득의 40%를 부채 상환에 써버리면 살림을 꾸려나가기가 매우 어려워집니다. 더군다나 은행에서 산정하는 소득은 세전 소득으로 실제 통장에 들어오는 소득보다 많은 금액이므로 40%가 아니라 소득의 50%를 부채 상환에 쓰게 됩니다. 가족을 부양하지 않아도 되는 1인 가구가 아니라면 정상적인 살림이 불가능할 수도 있습니다.

회알못 - 그럼 소득의 얼마 정도가 적당한가요?

택스코디 - 부채 원리금 상환에는 소득의 30%를 상한선으로 두는 것이 현실적입니다. 30%를 상한선으로 하되 가능한 한 소득의 20% 선에서 부채를 상환하는 것이 가족이 정상적으로 생활을 영위할 수 있는 조건입니다. (소득도 세후 소득, 즉 실제로 버는 소득을 기준으로 하는 것이 바람직합니다.)

DTI는 연간 소득을 기준으로 부채 가능 금액을 정하고 있습니다. 그런데 수입만으로 부채 상환 능력을 산정하는 건, 무리가 있습니다. 수입이 많으면 지출도 많기 때문입니다. 따라서 단순히 수입이 아니라 실제 상환 가능한 금액으로 부채 상환 능력을 평가하는 것이 바람직합니다.

회알못 - 그럼 어떤 기준으로 부채 상환 능력을 따져 봐야 하나요?

택스코디 - 상환 능력을 따져보기 위해서는 수입이 아니라 손익계산서상의 가처분 소득을 근거로 하는 것이 합리적입니다. 앞에서 본 것처럼 가처분 소득은 소득에서 비용과 저축을 제외하고 최종적으로 남은 금액을 말합니다. 이것이 바로 부채를 상환할 수 있는 여력입니다. 이보다 많은 돈을 부채 상환에 써야 한다면 반드시 비용을 줄여 가처분 소득을 늘려 놓아야 합니다.

자산의 상환 능력을 점검하고 이에 맞춰 빚을 지거나 비용을 구조조정하는 사람은 불행히도 많지 않습니다. 이 책을 읽고 있는 여러분은 그러지 않았으면 좋겠습니다.

부채,
어떻게 하면 빨리 청산할 수 있나?

별다른 담보 없이 자신의 신용만으로 받을 수 있는 대출상품인 신용대출은 학자금 대출, 마이너스 통장, 신용대출 등으로 나눌 수 있습니다. 담보가 없으므로 담보대출보다 이자율은 조금 더 높은 편입니다.

마이너스 통장은 쓴 금액에 대해서만 이자를 물고 신용대출은 목돈을 빌린 후 원금과 함께 상환하는 방식입니다. 쓴 만큼만 이자를 무니 마이너스 통장이 더 유리하다고 생각하기 쉽습니다. 특히 비상금이 없는 상황이라면 마이너스 통장을 비상금 대용으로 생각하며 필수품처럼 사용하는 가정도 적지 않습니다. 그런데 마이너스 통장은 일단 쓰기 시작하면 잘 줄지 않는다는 것이 사람들의 공통된 경험입니다. 비상금이 없다는 현실이 가장 큰 원인이겠지만 역복리로 산정되는 이자를 무시해선 안 됩니다.

예를 들어 연 5% 이자율에 500만 원을 마이너스 통장으로 썼다면 이자는 약 20,900원으로, 한 달 만에 갚는다면 5,020,900원을 내면 끝납니다. 하지만 첫 달에 갚지 못하고 넘어가면 두 번째 달은 500만 원이 아니라 5,020,900원에 대해 이자가 붙습니다. 이자에 이자가 붙는 역복리입니다. 이런 식으로 3년 동안 마이너스 통장을 쓴다면 갚아야 할 원금은 678만 원이 됩니다. 시간이 지날수록 더 갚기 어려워지는 건 당연한 결과입니다. 하지만 마이너스 통장에서 500만 원을 꺼내 쓴 사람에게 빚이 얼마냐고 물어보면 500만 원이라고 말합니다. 이자를 빚으로 인식하지 못한 결과입니다.

게다가 마이너스 통장은 상환에 강제성이 없습니다. 이자도 통장에서 자동으로 빠집니다. 계약 기간이 지나도 연장하면 그만입니다. 이러니 마이너스 통장으로 쓴 돈을 갚는 건 담배 끊기만큼 어려운 일입니다. 더 큰 문제는 마이너스 통장을 마치 비상금처럼 여기는 태도입니다. 당장 원금을 갚지 않아도 되고 한 달 이자 몇만 원만 부담하면 급할 때 요긴하게 쓸 수 있다고 생각하면, 정작 필요한 비상금을 준비하지 않고 계속 마이너스 통장 신세를 지니 빚은 야금야금 늘어만 갑니다.

반면 신용대출은 어쨌든 강제로 갚아야 하므로 마이너스 통장처럼 이자에 이자를 물지 않습니다. 대출이자도 마이너스 통장보다 0.5~1% 저렴합니다.

빚은 어떻게 하면 빨리 청산할 수 있는지가 핵심입니다. 따라서 빚을 져야 한다면 강제로 원금을 갚는 시스템을 만들어야 합니다. 어쩔 수 없는 상황이라면 딱 필요한 만큼만 신용대출로 빌린 후 매달 반드시 원금을 갚아 나가는 것이 부채에 대한 올바른 태도입니다.

참고로 담보로 사용할 수 있는 자산이 있다면 담보대출이 가능합니다. 부동산 담보부터 보험금을 담보로 하는 보험약관대출, 퇴직금을 담보로 돈을 빌리는 퇴직금 담보대출, 전세보증금을 담보로 한 전세자금대출 등 다양한 종류의 담보대출이 있습니다. 집주인이라면 세입자가 지급한 보증금 역시 돌려줘야 할 돈이므로 일종의 무이자 담보대출로 보는 것이 맞습니다.

담보대출은 신용대출보다 이자율이 낮고 담보가 클수록 큰돈을 빌릴 수 있습니다. 만약 다양한 종류의 부채가 있다면, 담보대출을 받아 다른 부채를 갚고 담보대출 하나만 유지하고 갚아 나가는 것이 이자를 절약하고 효과적으로 부채를 관리하는 방법입니다.

회알못 - 원리금 균등상환과 원금 균등상환, 뭐가 더 나은가요?

택스코디 - 담보대출을 갚는 방식은 크게 원리금 균등상환과 원금 균등상환으로 나눌 수 있습니다. 원리금 균등상환은 매월 같은 금액으로 원금과 이자를 갚는 방식이며, 원금 균등상환은 원금을 균등하게 나눠 갚는 방식입니다. 원금 균등상환은 초기에 상환하는 금액이 많지만, 원금을 더 많이 갚을 수 있으므로 시간이 지나며 이자가 줄어들면서 상환하는 금액도 줄어듭니다. 궁극적으로 이자 부담도 더 적습니다. 더 적은 이자를 내고 원금을 빨리 갚기 위해서는 초기에 부담이 되더라도 원금 균등상환을 선택하는 것이 유리합니다.

부자가 되려거든 기록하라

1억 원을 연 5% 이자율, 20년 만기로 빌렸을 때 상환 조건				
구분	만기 일시 상환	원리금 균등 분할 상환	원금 균등 분할 상환	3년 거치 후 분할 상환
총 이자 금액	100,000,080원	58,389,338원	50,208,294원	63,645,715원
첫달 상환액	416,667원	659,956원	833,334원	421,667원
마지막달 상환액	100,416,667원	659,956원	418,323원	728,738원

부채 상환 기간이 길어지면
위험은 커진다

부동산 담보 대출처럼 금액이 큰 부채는 상환 기간이 10~30년으로 매우 깁니다. 기간이 길어지면 매월 부담해야 하는 원리금 상환 금액이 줄어들기 때문에 늘어난 기간만큼 이자를 더 낸다 해도 대부분 사람은 가능한 한 오랜 기간에 걸쳐 상환하는 방식을 선택합니다.

만약 40세에 30년 만기로 담보대출을 받는다면 70세까지 대출을 갚아야 합니다. 60세 전후에는 은퇴하고 소득이 급감하므로 상환이 어려워질 가능성이 큽니다. 대부분은 막연히 그 전에 집을 팔아 원금을 갚고 나머지 돈으로 노후생활을 하겠다는 계획을 하고 있어 상환 기간에 대한 위험성을 심각하게 여기지 않습니다.

물론 계획대로 일이 진행돼 부채 상환에 어려움이 없을 수 있지만, 나이가 많을수록 부채 상환 기간이 길어지면 위험은 커집니다. 공무원처럼 정년이 보장된 직업이 아닌 이상 생각보다 일찍 소득이 급감하는 변수가 발생할 수도 있습니다. 자녀가 성장하면서 교육비가 늘어나 빚을 갚을 여력이 줄어들 위험도 큽니다. 즉 부채 상환 기간이 길어질수록 이자도 많아지지만, 부채 상환 자체가 어려워질 가능성도 커집니다.

따라서 빚을 지기 전에 얼마 동안이나 상환할 수 있을지 냉정하게 따져보는 일은 꼭 필요합니다. 지금의 소득이 언제까지 이어질 수 있을지 따져봐야 합니다. 맞벌이가 외벌이가 되거나 가장이 실직하거나 아이들이 커서 교육비가 많이 들거나 하면 부채 상환은 고사하고 기본적인 살림살이조차 어려워집니다. 맞벌이가 가능한 시점까지, 지금의 소득이 유지되는 시점까지, 자녀 교육비가 급증하는 고등학교 진학 이전, 적어도 대학생이 되기 전까지는 부채 상환이 끝나도록 상환 기간을 정하는 것이 좋습니다.

만약 월 100만 원이 여유 자금이고 자녀가 고등학교 진학하는 시점이 10년 남았다면 상환 가능한 부채 금액은 원리금 합산 1억 2,000만 원입니다. 이런 식으로 기간과 매월 상환 가능한 금액을 계산해 부채의 상한선을 정할 수 있습니다.

상환 기간이 늘어나 매월 갚아야 하는 원리금이 적어지면 부담이 덜한 것처럼 느껴지는 건 사실 큰 착각입니다. 지출을 줄이고 하루라도 빨리 부채를 갚는 것이 가정경제의 안정성을 높이면서 이자 부담을 줄여 경제적인 이익까지 얻는 현명한 선택입니다.

빚 없이 살면 좋지만 어쩔 수 없이 빚을 져야 한다면 그다음 목표는 빚을 빨리 갚는 것으로 잡아야 합니다. 빚을 빨리 갚기 위해서는 반드시 처음부터 원금을 함께 상환해야 합니다. 거치 기간이 있어서 이자만 물고 있는 걸 빚을 갚고 있다고 착각하기도 하지만, 이자만 내는 건 결코 빚을 갚고 있는 게 아닙니다. 거치 기간을 두는 것은 부채 상환의 고통을 잠시 유예하는 것일 뿐이며 궁극적으로 더 많은 이자를 물어 손해가 커질 뿐입니다. 만약 당장 돈에 여유가 없어 거치 기간을 두어야 한다면 빚을 지는 것 자체를 다시 고려해야 합니다. 지금 갚을 수 있는 능력이 안 되는데 거치 기간이 지난 후에 빚을 갚을 여력이 생길 리 없습니다. 원금 갚을 여력이 안 되면 빚을 지지 않는 것이 정답입니다.

담보대출로 집을 살 때도 마찬가지입니다. 대다수가 대출 없이는 집을 살 수 없는 상황을 인정한다면, 대출이자를 월세라고 생각해야 합니다. 집을 사용하는 대가로 은행에 사용료를 내는 셈입니다. 4억 원짜리 집을 사기 위해 2억 원을 대출받았다면, 2억 원의 보증금을 내고 대출이자만큼 월세를 내는 반전세에 불과하지 내 집은 아닙니다. 물론 대출이자, 즉 월세를 잘 내는 동안에는 안정적으로 주거할 수 있다는 큰 장점이 있습니다. 또한, 같은 집을 임대했을 때 월세보다는 대출이자가 더 싸다는 점도 무시할 수 없습니다. 집값이 오르면 시세차익도 기대할 수 있습니다. 내 집을 사야 하는 주된 이유이기도 합니다.

대출로 집을 샀으나 원금을 상환할 여력이 없어 이자만 내야 하는 경우를 생각해봅시다. 이자는 워낙 장기간 부담하는 것이라 집값이 오른다 해도 시세차익을 생각보다 크게 훼손합니다. 1억 5,000만 원을 대출받아 산 3억 원짜리 아파트가 13년 동안 4억 3,000만 원이 되었다고 합시다. 금리를 연 5%로 계산하면 이자는 월 625,000원, 13년이면 총 9,750만 원입니다. 3억 원짜리가 4억 3,000만 원이 되어 1억 3,000만 원의 시세차익을 얻은 것 같지만 이자를 빼면 이익은 3,250만 원에 불과합니다. 여기서 각종 세금까지 제하면 이익은 더욱 줄어듭니다.

좀 더 나은 주거 환경을 위해 대출을 받아 은행에 월세를 지급하는 게 잘못은 아닙니다. 그러나 그 전에 다음 세 가지를 기억해야 합니다.

1. 좀 더 나은 주거 환경은 공짜가 아니다.
2. 대출이자라는 월세를 내야 하므로 내 집이 아니라 반전세다.
3. 이자는 집값 상승분의 상당 부분을 상쇄시켜버려 실제 이익은 크게 줄어든다.

따라서 가능한 이자 부담을 최소화해야 합니다. 그런데 이자를 적게 내기 위해서는 뾰족한 수가 없습니다. 대출을 적게 받거나 원금을 하루라도 빨리 상환하는 것 두 가지뿐입니다. 다시 강조하지만, 이자밖에 못 낼 상황이라면 집을 살 계획을 포기하는 게 낫습니다. 집값이 오른다 해도 이익이 적고, 만에 하나 떨어진다면 원금 손실 상황이 일어납니다. 이 경우 그동안 낸 이자가 아깝겠지만 집을 사용한 비용으로 생각하는 것이 맞습니다.

저금리시대에 은행에서 대출받아 집을 사지 않으면 바보라고 생각할 수도 있습니다. 그러나 이자 비용이 소득의 상당 부분을 차지해 허리띠를 졸라매고 살아가야 한다면 대출은 미래를 담보 잡힌 위험한 거래일 수 있습니다. 원금을 상환하지 못한다면 아무리 저금리라도 빚을 지고 집을 사는 건 피해야 합니다. 그건 능력보다 큰 소비이며 집에 대한 과소비 상태입니다.

부채의 수가
00개 이상이면 위험하다

부채는 가능한 적은 수를 갖고 있어야 관리도 쉽고 상환 계획을 잡기도 좋습니다. 만약 부채의 종류가 각종 할부 상환금을 포함해 5개 이상이라면 위험한 수준입니다.

회알못 - 그럼 몇 개 정도가 좋은가요?

택스코디 - 2개 이내가 바람직합니다. 큰 부담 없이 시작되는 작은 부채들이 차츰 걷잡을 수 없이 늘어날 수 있어 주의가 필요합니다. 특히 사채나 대부업에서 돈을 빌리면 매우 높은 이자를 물어야 합니다. 이자율이 높아도 소액이라 상관없다고 생각하면 안 됩니다. 경계심을 갖지 않으면 이런 행위가 한 번으로 끝나지 않고 주기적으로 반복돼 결국 큰 부채로 이어집니다.

미국 펜실베니아 대학과 맨더빌트 대학은 신용카드 현금서비스 같은 고금리 소액 대출인 페이데이론 소비자들을 분석했습니다. 페이데이론은 다음 달 월급날까지만 빌리는 매우 짧은 기간의 대출로 소액이라 수수료가 매우 높습니다. 100달러를 빌리면 기간에 상관없이 다음 달 월급날까지 18달러의 수수료를 지불해야 하는데, 만약 2주를 빌린다면 하루 금리가 무려 1.3%로 연간으로 따지면 470%에 달합니다. 이런 페이데이론 사용자들을 조사한 결과, 이들은 1년 이내에 채무 불이행, 한국으로 치면 신용불량자가 될 확률이 80%에 달했습니다. 또한, 채무불이행에 이르기까지 평균 5개의 대출업체에서 돈을 빌리고 연간 90%가 넘는 고금리를 지불했습니다. 아무리 소액이라도 급한 불을 끈다며 여기저기 빚을 지고 부채의 수를 늘리는 일이 얼마나 위험한지 보여주는 결과입니다.

부채 상환 계획은 부채의 수를 줄이는 방향으로 잡는 것이 좋습니다. 가장 소액인 것부터 갚아서 하나라도 부채의 수를 빨리 줄여야 부채도 없애고 성취감도 느낄 수 있습니다. 가능하다면 부채를 통합해 하나로 줄이는 것도 나쁘지 않습니다. 가장 큰 금액을 빌릴 수 있고 이자율도 가장 낮으므로 담보대출을 받아 다른 대출을 갚고 담보대출 하나만 꾸준히 갚아 나가는 것도 효율적인 방법입니다.

안정성 유지는 가정경제에서 가장 중요하며, 안정성은 부채와 직접 상관관계가 있습니다. 안정성을 관리한다는 건 부채를 관리한다는 뜻이나 마찬가지입니다. 이 장에서 말한 내용을 정리하면 다음과 같습니다.

부자가 되려거든 기록하라

1. 어떻게 빌릴 것인가?

이자를 가장 적게 내는 방식으로 빌려야 합니다. 원금 균등 상환은 초기에 많은 돈을 갚아야 하지만 가장 이자를 적게 부담하는 방식입니다. 시간이 지날수록 상환 금액이 적어지므로 부채 상환이 점점 수월해 집니다. 대부분 은행에서는 매달 같은 금액을 상환하는 원리금 균등 상환 방식을 권하지만, 가능한 원금 균등 상환 방식을 선택해서 이자 부담을 조금이라도 줄이도록 합시다.

2. 원금상환 여부

두 번 생각할 필요 없이 무조건 원금을 함께 상환하는 방식으로 빌려야 합니다. 원금을 상환할 수 없다면 빚을 지기보다는 자산을 팔고 지출구조조정으로 자금을 마련하는 게 바람직합니다. 지금 갚지 못하는 원금을 나중에 갚을 수 있다고 생각하는 건 착각임을 명심해야 합니다.

3. 유동 비율

앞으로 1년 동안 벌어서 쓰고 남은 돈이 같은 기간 갚아야 할 원리금 상환액과 같거나 커야 합니다. 쓰고 남은 돈과 원리금 상환액이 같다면 유동 비율은 100%입니다. 유동 비율은 무조건 100% 이상이 되도록 재무 구조가 맞춰져야 합니다.

4. 부채 비율

총자산에서 부채가 차지하는 비율이며 가능한 30%를 넘지 않도록

해야 합니다. 30% 이상이면 경고등이 커진 것이며, 절대로 50% 이상이
되지 않도록 관리해야 합니다.

5. 월 상환액

월 수입의 20% 이내로 부채 상환 금액 한도를 정하고 최대 30%를
넘지 않도록 합시다. 기존 부채가 없다면 원금을 상환한다는 조건에서
손익계산서상의 가처분 소득 금액이 지금 최대로 부채를 상환할 수 있
는 금액입니다. 기존 부채가 있다면 가처분 소득은 추가 부채 상환이
가능한 금액입니다. 만약 가처분 소득보다 부채가 더 필요하다면, 지출
을 줄이고 저축도 줄이는 비용 구조조정과 자산을 매각하는 방법을 고
려해야 합니다.

6. 상환 기간

무조건 길게 상환하는 것은 이자 부담도 커질 뿐만 아니라 상환하지
못할 위험도 큽니다. 현재 소득이 유지되면서 지출이 증가하지 않는 시
점까지 상환 기간을 잡는 것이 안정적입니다. 맞벌이라면 외벌이로 전
환되는 시점도 고려해야 합니다. 교육비가 많이 들어가기 전, 즉 자녀
가 고등학교 입학하기 전이나 대학 입학 전까지는 부채 상환이 끝나도
록 상환 기간을 잡읍시다. 1년간 상환 가능한 금액에 상환 가능한 기간
을 곱한 것이 이자를 포함한 최대 대출금액이라는 점을 기억하고, 이에
맞춰 대출을 받도록 합시다.

7. 부채의 수

가능한 2개 이하로 유지하도록 합니다. 부채의 수가 늘어날수록 연체 가능성은 커집니다.

2

우리 집은 숫자로 투자한다

투자 수익률보다
중요한 건, 투자 원금이다

부동산 불패 신화의 근거는, 부동산이 다른 어떤 투자자산보다 높은 수익률을 보여준다는 통념 때문입니다. 과연 그럴까요? 투자자산은 매우 다양합니다. 부동산, 주식, 금, 현금(예금), 가상화폐 등이 있죠.

아파트 투자 수익률은 생각만큼 크지 않습니다. 그런데 투자에서 가장 중요한 것은 결코 수익률이 아닙니다. 우리는 높은 수익률에 현혹되기 쉽고 수익률이 높으면 돈을 버는 것으로 생각하지만, 절대로 그렇지 않습니다. 투자의 세계에서 가장 중요한 것은 투자 수익률이 아니라 투자 원금입니다. 투자 수익률은 의미가 없습니다. 투자 원금이 돈을 불리는 핵심입니다.

투자 원금이 100만 원이면 수익률이 100%일 때 100만 원을 법니다. 반면 원금 1억 원은 5%의 수익률만 올려도 500만 원입니다. 전자는 수익률 100%, 후자는 5%에 불과하지만, 결과는 후자가 전자의 5배입니다.

원금이 훨씬 많기 때문입니다. 원금이 적으면 아무리 수익률이 높아도 돈을 불리지 못합니다. 시간이 지나면 지날수록 이 차이는 더욱 벌어집니다. 복리가 적용되기 때문입니다. 원금이 크면 수익이 크고 이 수익이 또다시 투자되어 원금이 커집니다.

돈이 돈을 번다는 말이 달리 나온 소리가 아닙니다. 부동산으로 돈을 번 자산가가 많은 이유가 여기에 있습니다. 투자하는 금액이 크기 때문에 버는 돈도 많습니다. 아이러니하게도, 초등학생도 알 수 있는 이 사실을 간과하고 우리는 수익률에 집착합니다.

부동산 투자가 유리한 이유는 일단 투자의 단위가 크다는 것, 즉 원금이 크기 때문입니다. 더불어 가격 변동성도 적습니다. 주식투자에서 20~30% 하락은 흔한 일입니다. 심지어 반 토막 나기도 하고 회사가 없어지기도 하지만 부동산은 그렇지 않습니다.

부동산은 누구에게나 필요한 필수재입니다. 집 없이 살 수 있는 사람은 없습니다. 오르내림이 심하지 않아 가격 변동성도 적습니다. 하락폭이 낮아 손실도 적고 주식투자보다 심리적으로 편안합니다. 주식은 2,000개가 넘는 종목 가운데 골라야 하지만 부동산은 일단 내가 살 집부터 고르는 것이니 주식보다 훨씬 쉽습니다. 부동산이 투자자산으로 관심받는 건 바로 이런 이유 때문입니다.

부동산 투자의 장점은 이뿐만이 아닙니다. 아주 중요한 장점이 또 있습니다. 바로 부채를 활용할 수 있다는 점입니다. 다른 모든 자산은

100% 자기자본으로 투자한다는 걸 전제로 합니다. 반면 부동산은 은행에서 담보대출을 해줍니다. 그것도 장기간으로 말이죠. 다른 자산과 비교해 매우 파격적인 조건입니다.

그러나 부채를 활용한 레버리지 투자가 결코 만능은 아닙니다. 투자 결과가 마이너스이거나, 수익률이 플러스를 기록하더라도 미미하다면 지급한 이자 비용을 고려할 때, 오히려 원금을 손해 볼 수 있기 때문입니다.

부채를 통한 레버리지 투자는 뿌리칠 수 없는 유혹이지만 치명적인 위험도 함께 가진 양날의 검입니다. 자산이 미래에 이자 금리 이상 오른다는 확신만 있다면야 빚을 지고 투자하는 것이 자산을 불리는 올바른 선택입니다.

특히 부동산은 원금이 커서 부채를 활용하지 않고서는 매매하기 어렵습니다. 그러나 가격 변동성이 낮고 항상 오른다는 생각으로 부채에 대한 경각심을 갖지 않는다면 지금까지 확인한 것처럼 매우 위험한 선택입니다.

부동산도 다른 투자자산처럼 예외 없이 등락을 가진 자산입니다. 시기를 잘못 만나 하락기에 빚을 지고 투자하면 부동산 역시 원금을 손해 볼 수 있습니다. 원금이 큰 부동산 자산은 이익도 크지만, 손실 또한 더 크게 감당해야 합니다.

참고로 부동산 투자를 할 때 기억해야 할 점은, 부동산은 예금이나 적금처럼 매년 꾸준히 오르지 않는다는 점입니다. 부동산이라는 자산 자체가 장기간을 놓고 볼 때 상승하는 건 분명하지만, 그중 상승 기간은 그 장기간 속에 일부에 지나지 않습니다. 지난 30년간 주택 매매가 추이를 보면, 상승 후 정체 또는 소폭 하락, 다시 상승의 사이클을 반복해서 보여줍니다. 그리고 상승의 기간보다 정체 또는 소폭 하락의 기간이 더 깁니다. 부동산 투자를 할 계획이라면 이런 가격 사이클을 염두에 두고 의사결정을 해야 합니다.

부동산 가치,
어떻게 평가하나?

부동산 적정 가격이 얼마인지 측정하기는 굉장히 어렵습니다. 길 하나 사이에 두고 가격이 다르고 같은 건물인데 층에 따라서도 가격이 다른 게 부동산입니다. 내 집 가진 사람은 지금 가격이 결코 비싼 게 아니라고 생각하지만, 무주택자는 우리나라 집값이 너무 비싸다고 하소연합니다.

회알못 - 그럼 내가 가진 부동산이 적정 가격인지, 아닌지 평가하는 방법은 없나요?

택스코디 - 부동산 가격을 결정하는 요소는 많지만 그중 시중 금리와 임대 수익률로 부동산의 가치를 측정하는 방법이 있습니다. 임대 수익률은 부동산이 얼마만큼의 수익을 발생시키는지 알 수

있는 가장 설득력 있는 지표이므로 부동산의 가치를 판단하는 데
중요한 근거입니다.

임대 수익률은 시중 금리와 밀접한 관계가 있습니다. 집주인 편에서
는 임대 수익률이 최소한 시중 금리보다 높아야 합니다. 더군다나 각종
세금과 집수리비, 공실 비용, 중개 비용 등이 발생하므로 이것까지 고
려해 금리보다 높은 수준에서 임대료를 결정합니다.

이런 각종 비용을 고려하면 부동산 임대 수익률은 금리보다 2~3%
높게 결정되는 게 일반적입니다. 너무 높은 수준에서 임대 수익률이 결
정되면 다들 은행에서 저금리로 돈을 빌려 집을 사 부동산임대업을 하
려들 것입니다. 금리보다 2~3% 높은 수익률이 수요와 공급의 원리에
따른 적정 수준이라고 보면 됩니다.

미국은 임대 수익률이 연 5% 선이며 집값은 연간 임대료의 20배라
고 합니다. 즉 미국에서 월 200만 원짜리 집에 살고 있다면 연간 임대
료는 2,400만 원이며, 이 집의 가격은 4억 8천만 원 (2,400만 원×20배)입
니다. 이보다 집값이 높으면 고평가, 낮으면 저평가됐다고 말할 수 있
을 것입니다. 만약 임대료는 같은데 임대 수익률이 6%라면 어떻게 될
까요? 월세로 연 2,400만 원을 받는데 이것이 자산의 6%라면 이 집의
가격은 4억 원, 임대 수익률이 4%라면 6억 원으로 환산됩니다.

이 방법을 한국에서도 적용해볼 수 있습니다. 월세를 기준으로 주변

시세를 대입해서 해당 부동산이 고평가됐는지 혹은 저평가됐는지 파악하는 것입니다. 금리를 어떻게 산정하느냐에 따라 임대 수익률이 달라지는데 일단 4~6%까지 놓고 계산해 봅시다.

보증금 5천만 원에 월세 100만 원인 아파트가 있다고 합시다. 월세 100만 원은 연간 1,200만 원이므로 1년에 1,200만 원의 수익이 발생합니다. 보증금은 은행에 넣어두고 이자를 받는 식으로 계산할 수 있지만, 그러면 보증금에 대한 평가가 너무 낮아지므로 다음 표에서는 임대료로 산출된 자산 가격에 합산했습니다.

보증금 5,000만 원에 월세 100만 원 아파트 가치	
임대 수익률	추정 자산 가격 (보증금 합산)
4%	3억 5,000만 원
5%	2억 9,000만 원
6%	2억 5,000만 원
3%	4억 5,000만 원(현재 시세)

위 표를 보면 임대 수익률이 낮을수록, 즉 금리가 낮을수록 해당 부동산 가격은 높아짐을 알 수 있습니다. 해당 아파트의 현재 시세는 4억 5,000만 원이며 이때 임대 수익률은 3% 정도로 나타납니다.

또 다른 아파트를 살펴봅시다. 보증금 2,500만 원에 월세 85만 원에 거래되고 있습니다. 시세가 3억 6,000만 원 ~ 3억 5,000만 원이므로 이 아파트의 임대 수익률은 3% 정도입니다.

부자가 되려거든 기록하라

임대 수익률	추정 자산 가격 (보증금 합산)
4%	2억 8,000만 원
5%	2억 2,900만 원
6%	1억 9,500만 원
3%	3억 6,500만 원(현재 시세)

보증금 2,500만 원에 월세 85만 원 아파트 가치

내가 사는 집, 혹은 내가 사고 싶은 집의 가격이 저평가됐는지 고평가됐는지를 이런 방식으로 계산해 보면 유의미한 답을 얻을 수 있습니다. 내 집뿐만 아니라 주변 시세와도 비교해보면 부동산이 현재 어떤 식으로 평가되고 시세가 형성되고 있는지도 파악할 수 있습니다.

임대 수익률 1% 변화에도 자산 가격의 변동 폭이 작지 않습니다. 특히 자산 가격이 높을수록 변동 폭은 더 커집니다. 가격이 비싼 강남 아파트의 임대 수익률은 강북보다 낮은 2.5%로 각종 비용을 제외하면 은행 이자와 거의 차이가 없습니다.

회알못 - 이처럼 임대 수익률이 금리와 비슷하거나 낮다면 이유는 무엇인가요? 차라리 그 돈을 은행에 넣고 이자를 받는 게 나을 수도 있는데, 왜 세를 주나요?

택스코디 - 답은 간단합니다. 임대 수익률보다 시세차익에 대한 기대가 크기 때문입니다. 부동산 가격이 올랐을 때 볼 수 있는 이익을 기대하고 부동산을 매입한 것 말고 다른 이유는 없을 것입니다. 결국, 투자 수요가 많은 강남은 임대 수익률이 다른 지역과 비교해 낮습니다.

부동산 앞으로
오를까, 내릴까?

회알못 - 부동산 가격은 앞으로 계속해서 오를까요?

택스코디 - 집이 있는 사람이나 무주택자나 우리나라에 살고 있다면 누구나 품고 있는 의문입니다. 자, 이제 질문을 한번 바꿔봅시다. 은행에 예치한 현금은 앞으로 늘어날까요, 줄어들까요? 현금은 자산재이며, 은행에 맡겨놓으면 이자가 생겨서 시간이 지나면 저절로 불어납니다. 부동산도 현금처럼 자산재의 성격을 지니고 있습니다. 특히 건물은 낡아 감가상각이 일어나도 토지를 포함하고 있으므로 시간이 지나면 가격이 오르게 되어있습니다. 국가 경제는 큰 위기가 없는 한 일정 수준의 경제 성장률을 유지하고 GDP가 늘어납니다. 이에 따라 자산재인 부동산은 가격이 오를 수밖에 없습니다.

예금은 매년 정해진 금리로 오르지만, 부동산은 상승률이 정해져 있지 않습니다. 지역에 따라, 시간에 따라 오르는 정도가 다릅니다. 부동산 가격은 '하락 → 보합 → 상승'의 주기를 갖습니다. 만약 하락 시점에서 부동산 시세를 보면 떨어지는 듯 보일 테고 상승기라면 계속 오를 것처럼 느껴집니다. 그러다 보니 늘 앞으로 오를지 떨어질지를 고민하게 됩니다.

또 예금은 금융기관별로 금리 차이가 크지 않지만, 부동산은 입지와 조건에 따라 상승률과 하락률 차이가 큽니다.

주식도 자산재의 성격을 갖고 있어 국가 경제가 발전하는 만큼 전체 시장도 상승하게 돼 있습니다. 여러 개 종목 중 시장 수익률을 뛰어넘는 종목이 있고, 시장 수익률 정도만 따라가는 종목이 있으며, 아예 마이너스인 종목도 있고, 떠오르는 유망한 산업이라며 급등하는 종목도 있습니다.

부동산시장도 주식 시장의 매커니즘과 다르지 않습니다. 삼성전자 같은 초우량 주식은 서울 강남이나 역세권처럼 입지가 좋은 부동산인 셈입니다. 때로는 미래성장주가 가격 성장률이 높은 것처럼 부동산도 개발 계획이 정해지거나 환경이 좋을 것으로 예상하는 곳은 급등하며 그렇지 않은 지역의 부동산 가격을 압도합니다. 그리고 이런 가격 상승률의 차이는 과거와 달리 시간이 지날수록 커지고 있습니다.

부동산 가격이 오른다고 해서 전국의 모든 부동산이 오르는 건 아닙니다. 가격이 하락하거나 제자리걸음을 하는 지역이나 주택도 상당수

부자가 되려거든 기록하라

존재합니다.

1987년부터 2000년 전국 주택 가격 상승률은 지역별로 큰 차이가 없었습니다. 그러나 2000년 넘어서부터는 지역별 차이가 뚜렷하게 나타납니다. 이런 이유에서 '똘똘한 부동산 하나'를 가진 게 자산 수익률을 높이는 방법이라는 게 한동안 부동산 투자의 불문율이었습니다. 다시 말해 앞으로 더 많이 오를 수 있는 부동산은 지금까지 더 많이 올라왔던 부동산이라는 뜻입니다.

집주인에게 목돈을 주고 살다가 이사 갈 때 다시 받아서 나오는 전세제도는 한국에만 있는 특이한 제도입니다. 과거 집을 한 채 더 사고 싶은 사람들이 돈은 부족한데 은행에서 돈을 빌릴 수 없으니 찾은 방법이 바로 세입자에게 보증금을 많이 받는 것이었습니다. 전세보증금은 세입자에게 무이자로 돈을 빌리는 것과 같은 효과가 있으므로 집값의 50%만 가지고 있어도 전세를 주면 집을 살 수 있습니다.

거주비라는 측면만 봤을 때, 전세제도는 세입자에게 매우 유리합니다. 전월세 전환 비율이라는 개념이 있습니다. 전세를 월세로 전환했을 때, 얼마만큼의 금리가 적용되는가 하는 것인데, 수도권은 전월세 전환 비율이 5.8%입니다. 전세자금대출 금리는 2.96%입니다. 만약 전세자금대출 1억 원을 받으면 한 달에 246,000원을 이자로 내지만, 같은 집에 월세로 산다면 전월세 전환 비율 5.8%가 적용되어 483,000원을 부담해야 합니다. 거의 2배의 주거비가 드는 셈이니 세입자에게는 전세가 훨씬 유리합니다.

그런데 집주인 편에서 전세는 표면적으로는 손해 보는 장사입니다. 집을 살 때 든 자기자본이 집에 묶여 있음에도 집으로부터 나오는 돈은 한 푼도 없고, 각종 세금에 집수리비까지 부담해야 합니다. 그런데도 전세제도가 계속 존재해온 이유는 집주인이 손해 보는 금액 이상으로 부동산 가격이 상승했기 때문입니다. 전세는 2억 원을 무이자로 빌려 4억 원짜리 집을 사는 것과 같은 역할을 합니다. 만약 집값이 4%씩 매년 오른다고 했을 때, 5년이 지나면 4억 8,000만 원이 되고 주인에게는 5년 만에 8,000만 원의 이익이 생깁니다. 실제 투자금액은 2억 원이기에 수익률은 연 8%에 가깝습니다. 2억 원을 은행에 넣어놓는 것과는 비교할 수 없는 수익입니다.

그러나 부동산 가격이 제자리걸음이거나 하락하면 어떻게 될까요? 집주인은 손해를 볼 수밖에 없습니다. 이렇듯 전세제도는 부동산 가격 상승을 전제로 해야만 존재 가능한 제도이므로 부동산이 장기적으로 오를 것이라면 유지될 테고, 떨어질 것이라면 점점 사라져서 월세로 대체될 것입니다.

우리 집 형편은
나아지고 있는 걸까?

회알못 - 도대체 우리 집은 얼마를 벌어서 얼마나 남기고 있을까? 마음 한구석이 뭔가 답답합니다.

택스코디 - 기업은 물론 가정경제 역시 얼마를 벌어 얼마가 남는지 아는 건 돈에 관한 의사결정에서 가장 기본적인 판단 근거입니다. 남는 돈이 없는데 함부로 돈을 쓸 수 없으며 더군다나 빚을 질 수도 없습니다.

그렇다면 얼마를 남겨야 바람직한지 의문을 가질 수 있습니다. 적절한 수익률이 얼마인지 안다는 건 단순히 숫자를 파악하는 게 아니라, 돈을 쓰고 쓰지 말아야 하는 적절한 기준을 아는 것입니다.

수익률을 파악하기 위해서는 먼저 수입을 알아야 합니다. 손익계산서 작성 시 파악한 수입을 활용하면 됩니다. 수입은 고정 수입, 변동 수입, 금융소득이 있습니다. 수익률을 보수적으로 파악하려면 확정된 고정 수입만을 기준으로 해야 합니다. 변동 수입이나 금융소득은 가변적이므로 비현실적인 수익률이 계산될 수 있습니다.

반대로 지출은 고정지출과 변동지출을 합한 전체 지출금액을 파악하면 됩니다. 수입이나 지출은 월별로 다르므로 수익률은 연 단위로 계산하는 것이 합리적이므로 연간 수입과 지출로 수익률을 계산하면 됩니다.

- 수익률 = [(고정지출 + 변동지출) / 고정 수입] ×100

위 공식을 보면 알 수 있듯이, 가정경제의 수익성을 잡아먹는 주범은 고정지출입니다. 고정지출은 수익성을 낮추고 안정성을 떨어뜨립니다. 갑자기 수입이 줄어드는 경우 고정지출 비율이 높다면 비상 자금이 충분치 않은 한 돈이 바닥나고 추가로 빚을 져야 하기 때문입니다. 고정지출 비율을 따질 때는 수입보다는 전체 지출에 대한 비율을 구하는 게 합리적입니다. 수입에 따라 비율이 왜곡될 수 있습니다.

수입이 많으면 고정지출 비율도 커지고 가족이 많아도 마찬가지입니다. 1인 가구는 고정지출 비율이 낮을 것이며, 자녀의 수와 나이가 많을수록 고정지출 비율은 늘어날 것입니다. 이런 점들을 고려해 고정지출 비율에 대한 기준을 세우면 다음 표와 같습니다.

부자가 되려거든 기록하라

고정지출 비율	평가	설명	미혼/자녀 없는 가정
50% 미만	우량	고정지출 관리에 큰 문제가 없는 상태	40% 미만
50~60%	평균	부채가 없다면 60% 미만으로 유지하는 것이 필요	40~50%
60~70%	경고	부채가 있다 해도 70%를 넘지 않도록 해야 함	50~60%
70~80%	위험	부채도 있고 자녀도 있는 경우 70%를 넘기 쉬움 그럼에도 80% 이상은 절대 넘기지 말아야 함	60~70%
80% 이상	비상	곧 추가로 빚을 져야 한다는 신호 80% 아래로 낮추도록 강제적인 노력이 필요	70% 이상

전체 지출 대비 고정지출 비율 평가

만약 고정지출 비율이 위험이나 비상 수준까지 높아지는 상황이라면 뒤돌아보지 말고 지출 계획을 취소해야 합니다. 현재의 고정지출도 우선순위와 비용 대비 효과를 따져 적절한 비율이 되도록 빨리 지출 구조조정을 실행해야 합니다.

또 부채가 있는데도 수익률이 높은 건 오히려 심각한 문제입니다. 남는 돈을 부채를 갚는 데 쓰지 않는다는 뜻이기 때문입니다. 따라서 부채가 있다면 수익률이 낮아야 합니다. 다음 표는 부채가 없을 때 수익률 기준입니다. 참고해서 우리 집이 어떤 상태인지 알아봅시다.

수익률 지표의 평가			
수익률	평가	설명	미혼/ 자녀 없는 가정
40% 이상	우수	근검절약하는 생활을 유지하는 상태	50% 이상
30~40%	우량	가능한 우량 비율을 유지하는 것이 필요	40~50%
20~30%	평균	자녀가 있다 하더라도 평균 비율 이상을 유지하려는 노력이 필요	30~40%
10~20%	경고	지출 구조조정이 필요한 단계로 비용을 줄여 평균 이상으로 수익률을 높이는 노력을 해야 함	20~30%
5~10%	위험	지출 구조조정이 꼭 필요한 단계	10~20%
5% 미만	비상	지출과 수입 모두 점검하고 총체적으로 재무 구조를 다시 고민해야 하는 단계	10% 미만

부자가 되려거든 기록하라

숫자를 기준으로 투자하자

투자에는 돈만 필요한 것이 아닙니다. 어떤 것을 언제 사야하고, 언제 팔아야 하며, 얼마를 사야 하는지 고도의 지식과 판단력이 요구됩니다. 이를 갖추려면 많은 시간과 노력, 에너지가 소모됩니다. 게다가 올바른 투자를 방해하는 각종 심리적 편향도 이겨내야 합니다.

게다가 우리는 전업 투자자가 아닙니다. 생계를 유지하기 위한 본업이 있고 함께 시간을 보내야 할 가족과 사랑하는 사람이 있습니다. 투자에 일희일비하는 순간, 돈 생각만으로 머릿속이 꽉 차는 순간 희생해야 할 것들이 생깁니다. 얼마 안 되는 원금으로 투자해서 얻을 이익은, 우리가 잃어버리고 희생해야 하는 것들을 떠올리면 초라할 뿐입니다. 그래서 우리가 하는 투자는 돈 생각을 떠올리지 않을 투자여야 하고, 심리적 편향을 극복할 수 있는 투자여야 합니다. 최대한 고민하지 않고 의사결정을 할 수 있어야 합니다. 이를 위해서는 명확한 기준이 있어야 합니다. 바로 이 책에서 계속 강조하는 '숫자'입니다.

숫자란 앞으로 어떤 종목이 오를지, 어떤 산업이 유망할지에 대한 예상이 아니라 과거 실적과 주식 가격이라는 확정된 수치입니다. 미래를 예측할 필요가 없으므로 고민할 필요가 없고 에너지나 시간이 들지 않습니다.

참고로 숫자를 기준으로 하는 투자, 즉 직관적 주관적 판단을 배제하고 객관적 계량적 분석 기법의 투자를 계량 투자 혹은 퀀트 투자라고 합니다.

투자 안정망을 구축해놓았다면 이제 자금 면에서 투자 자격이 갖춰진 셈입니다. 그리고 자금 못지않게 중요한 것이 멘탈 관리입니다. 투자하는 기간에도 우리는 평정심을 유지하고 수익률에 일희일비하지 않아야 합니다. 이를 위해 정신 수양이나 훈련까지 할 필요는 없습니다. 단지 수익률에 대한 기대를 낮추면 됩니다.

얼마 안 되는 원금을 빨리 불리고 싶은 마음은 누구나 같습니다. 그러나 대박 났다 싶을 만큼 화끈한 수익률을 원한다면 애석하지만, 그 기대는 빨리 접기를 권합니다. 앞으로 말할 '숫자로 하는 투자'의 기대 수익률은 높지 않습니다. 은행 이자율이 물가 상승률도 못 따라가는 현실을 조금이나마 극복하려고 찾은 대안일 뿐입니다. 기대 수익률은 시중 금리 +2~4%로 잡는 것이 합리적입니다.

중요한 건 기대 수익률이 아니라 원금 손실 가능성을 최대한 줄이는 것입니다. 이익으로 얻을 수 있는 기쁨보다 손해로 느끼는 아픔이 2~2.5배 더 큽니다. 원금 손실이 심리에 끼치는 악영향을 항상 상기하

부자가 되려거든 기록하라

며 수익률에 대한 욕심을 다스려야 합니다.

> 회알못 - 투자를 할 때 하나에만 집중할 게 아니라 분산해야 한다
> 는 정도는 상식으로 알고 있습니다. 투자 종목이 적을수록 위험
> 은 커지겠죠. 그럼 몇 개의 종목에 투자하는 것이 좋을까요?
> 택스코디 - 3~5개 종목에 분산하는 경우가 가장 일반적인 투자 패
> 턴입니다. 그러나 이것도 충분하게 분산된 것이라고 볼 수 없습니
> 다. 미국 일본 캐나다 호주 시장의 1975년~2011년 주식 수익률
> 을 분석하고 몇 개 종목에 투자하면 개별 종목 위험을 제거할 수
> 있는지 측정한 연구가 있습니다. 이 논문에서는 18~30개 종목을
> 매수하면 위험의 90%까지 제거할 수 있다는 결론을 내렸습니다.

복리의 함정에서 확인했듯이 투자 수익률에서 가장 중요한 요소가
변동성입니다. 변동성이 높으면 아무리 수익률이 높아도 최종적으로
남는 수익률은 낮아집니다. 100만 원이 50만 원이 되면 50% 하락한 것
이지만, 50만 원에서 다시 100만 원이 되기 위해서는 100%의 수익률
을 올려야 합니다. 결국, 변동성을 낮춰야 합니다. 높은 변동성은 수익
률의 적이면서 심리적으로도 악영향을 끼칩니다.

같은 1,000만 원을 투자해도 250만 원씩 4개 종목을 사기보다 50만
원씩 20개 종목을 사는 쪽이 위험은 최대한 분산하면서 수익을 높이는
방법입니다. 이런 방식으로 투자하되 손절매 라인은 반드시 설정해야
합니다. 손절매 기준은 -15%라고 잡고 여기에 도달하는 종목은 매도

하기로 원칙을 세우는 것입니다.

투자를 해보면 수익의 대부분은 3~5% 수익률을 올리는 종목이 아니라 30% 이상인 종목에서 나옵니다. 20개를 매수하면 그중 2~3개는 30% 이상을 거두는 종목이 나옵니다. 이들이 전체 수익률을 끌어올리고 하락은 -15%에서 막는 방식의 투자인 셈입니다.

참고로 한 산업군에서 20개 종목을 고르는 것은 분산 투자가 아닙니다. 가령 바이오산업이 잘 나간다고 바이오 관련 주식만 산다면 100개를 사도 분산 투자라고 할 수 없습니다. 여러 산업군과 다양한 섹터에서 골고루 선택해야 한다는 것도 반드시 기억할 원칙입니다.

투자자산을
현금과 주식으로 분산하자

"ETF는 개별자산보다 변동성이 낮고 누구나 쉽게 분산 투자할 수 있어 맞춤 포트폴리오를 구성하기 좋다. ETF를 고른다면 전기차, 배터리, 메타버스 등이 유망해 보인다. 내가 지금 돈을 넣는다면 현금 보유용으로 은행 예금에 30%를 넣고, 나머지는 뜰 만한 종목을 편입한 ETF를 고루 사겠다."

모 은행장은 이렇게 말했습니다. 변동성을 낮추기 위해 투자자산을 현금과 주식으로 분산하는 방법이 있습니다. 예를 들면 한 달에 100만 원을 모두 주식에 투자하는 것이 아니라, 예금에도 분산해 예치하는 것입니다. 이렇게 하면 장기투자를 해도 수익률이 마이너스를 기록하는 위험에서 상당 부분 벗어날 수 있습니다.

투자 안정망이 될 자금, 즉 모을 돈 통장을 채운 후 처음 투자를 한다면 매월 가처분 소득으로 투자를 하게 됩니다. 이때 가처분 소득 전부로 ETF를 사는 게 아니라 현금, 즉 예 적금에도 투자하면 안전합니다.

현금 7, 주식 3 또는 현금 5, 주식 5로 분산하는 것입니다. 투자할 자금이 있다면 시장이 앞으로 오를지 내릴지 크게 고민할 필요 없이 지금 시작하면 됩니다. 시작 시점이 수익률에 가장 큰 영향을 미치는 ETF 투자의 단점을 크게 개선할 수 있는 것입니다.

현금과 분산 투자를 하면서 기대 수익률을 조금 더 높일 수 있는 기술이 있습니다. 바로 리밸런싱(rebalancing, 자산 재배분)입니다.

한 달에 50만 원씩 ETF와 예금에 분산 투자해서 1년 후 ETF가 700만 원이 되고, 예금이 650만 원 됐다고 합시다. 이제 주식과 예금 비율은 5:5가 아니라 70:65가 됐습니다. 이때 비율을 다시 5:5로 맞추는 것입니다. 1,350만 원 (700만 원 + 650만 원)을 반으로 나눠 675만 원씩을 각각 주식과 예금에 다시 투자하는 것입니다. 반대로 주식이 500만 원, 예금이 650만 원이 됐다면 1,150만 원의 50%인 575만 원씩을 주식과 예금에 투자하는 것입니다.

리밸런싱을 하면 주가가 올랐을 때 어느 정도 차익을 실현할 수 있으므로 하락 시 이익을 손해 볼 위험을 줄여줍니다. 뿐만 아니라 주가가 떨어져 현금 비중이 높아진다면 추가로 주식에 투자해서 향후 주식시장이 상승했을 때 수익을 올릴 가능성을 높여줍니다, 수익은 높이고 위험은 낮추는 비법이 리밸런싱입니다. 리밸런싱 주기는 보통 3개월~1년으로 정할 수 있습니다. 너무 자주 하는 것은 번거로울 뿐, 수익률에도 별 영향이 없습니다.

　리밸런싱과 분산은 매우 중요한 기법으로 투자를 할 때 항상 기억하고 적용해야 합니다. 이 두 가지만 기억해도 주식에 투자해서 원금을 손해 보고 속 쓰릴 가능성을 최대한 낮출 수 있습니다. 지금은 주식과 현금을 분산하지만, 주식과 달러, 금으로 분산하는 자산을 더 넓힐 수도 있습니다.

　빚 없이 내 집이 있고, 현금 자산이 1억 원 이상이며, 향후 10년 이상 소득의 30%를 저축할 수 있는 재무 구조라면, 10년 이상 돈을 묶어놓을 수 있습니다. 이때는 주식이나 부동산에 공격적인 투자할 수 있습니다. 그러나 그렇지 못한 대다수는 포트폴리오를 투자자산과 현금으로 분산하고 주기적으로 리밸런싱하는 것이 최선입니다.

사례를 통해 살펴보는
우리 집 재테크

지출 관리,
소통이 중요하다

회알못 - 결혼 3년 차, 30대 후반입니다. 연애 기간을 포함해 10년 가까이 지내왔는데, 여전히 '돈' 문제에 관해선 얘기하기 힘듭니다. 어렵게 말을 꺼내면 결국 싸움으로 끝날 때도 있고, 가계부를 쓰기 위해 남편에게 지출항목을 물으면 자세한 내용까지 적을 필요가 없다며 언급하기를 피합니다. 남편은 아는 사람이 많고 선후배, 친구, 직장동료 할 것 없이 본인이 자주 삽니다. 계획하지 않은 지출이 상당합니다. 저도 남편 몰래 주식투자를 했다가 큰 손실을 본 적이 있어 유구무언입니다. 둘 다 저축을 하고 싶다는 생각은 있지만, 들어오는 돈보다 나가는 돈이 더 많아 고민입니다. 소득, 지출 및 자산 현황은 다음과 같습니다.

부자가 되려거든 기록하라

소득, 지출 및 자산 현황	
월수입	600만 원
연간 기타 수입	1,700만 원
월지출 (520만 원) / 고정비 (215만 원)	주택담보대출 96만 원, 보장성 보험료 35만 원, 부모님 용돈 40만 원, 계모임비 12만 원, 통신비 12만 원, 운동 비용 20만 원
변동비 (205만 원)	식비 및 생활비 65만 원, 관리·공과금 25만 원, 기타 115만 원
저축(100만 원+α)	청년적금 50만 원, CMA 50만 원 + α
연간 비정기 지출	1,100만 원
자산(4억 1,600만 원)	아파트 4억 원, CMA 520만 원, 청약저축 480만 원, 청년적금 600만 원
부채(1억 5,000만 원)	주택담보대출 잔액 1억 5,000만 원

택스코디 - 먼저 위 표를 읽어봅시다. 부부의 월수입은 600만 원입니다. 연간 비정기 수입은 1,700만 원이 잡힙니다. 월 지출은 520만 원입니다. 그중 고정비는 215만 원이고, 변동비는 205만 원입니다. 저축은 청년적금은 50만 원으로 정해져 있지만, 종합자산관리계좌(CMA)엔 지출 후 남은 돈을 넣고 있어 50만 원부터 그 이상까지 왔다 갔다 합니다. 이외에 연간비용으로 1,100만 원이 듭니다. 그리고 자산은 시세 4억 원짜리 아파트와 CMA(520만 원), 청약저축(480만 원), 청년적금(600만 원) 등 합계 4억 1,600만 원입니다. 부채로는 주택담보대출금 1억 5,000만 원이 있습니다.

부부는 서로를 경제 공동체라고 인식하고, 지출 관리에서 일상적으로 소통해야 합니다. 그러나 둘은 이를 지키지 못하고 있습니다.

공동목표, 상호 의견이 돈 관리에 반영되고 있는지가 개인과 부부의 차이입니다. 이 부분이 합의되면 급여일이 다르고 통장 합치기가 안 되는 등 사안은 부수적 문제입니다. 부부가 돈 관련 대화를 할 때, 다음 3단계로 구분하면 좋습니다.

1. 공개

서로 수입과 지출을 공개하긴 하나 대략 파악할 수 있는 수준입니다. 대개 통장관리는 각자 하고, 돈에 관한 대화는 크게 진전되지 않은 상태입니다.

2. 수용인식

서로 수입과 지출, 자산과 부채 현황을 객관적으로 인식하고 있습니다. 통장을 합치거나 허브 통장을 활용해 함께 모으려 시도를 합니다. 다만, 구체적 재무목표가 없어 미래는 막연하다고 느끼기도 합니다.

3. 공동목표

소비, 저축에 있어 같은 방향성을 지닙니다. 월 연간 지출 예산이 있고, 향후 노후나 부채 상환을 대비해 같이 저축을 하는 상태입니다. 무엇보다 상대방 돈 관리를 신뢰하고 존중해 대화가 자유롭다는 것이 특징입니다.

부자가 되려거든 기록하라

회알못씨 부부는 공개의 단계로 볼 수 있습니다. 장기저축은 안 되고 있고, CMA 통장을 공유하고 있어도 신용카드 결제금액이 부족하면 찾아 써버리기 때문에 사실상 의미가 없습니다. 이 같은 추세라면 순자산(자산 - 부채)의 성장은 멀기만 합니다.

회알못씨는 재정적 결정 시 억눌린 욕구나 불안감 탓에 충동구매를 하지 않는지 점검해 봐야 하고, 남편은 소비 정당성을 주장하기보다 예산 짜보기부터 스스로 해볼 필요가 있습니다.

소득, 지출,
재무목표 균형을 맞추자

희알못 - 40대 중반이며, 노후가 고민입니다. 아내가 자녀들을 돌보기 위해 3년 전 하던 일을 정리하면서 현재는 외벌이입니다. 초등학교에 다니는 두 자녀의 양육비와 교육비는 끝을 모르고 오르는 형국입니다. 주택담보대출까지 상환하고 있어 저축도 힘듭니다. 아내와 어떻게든 매월 50만~60만 원은 저축을 해보자고 얘기했지만, 현실은 벅찹니다. 퇴직 후 별다른 소득이 없을 전망이라 향후 30~40년을 버틸 수 있을지 가늠이 안 됩니다. 그렇다고 꼭 필요한 곳에만 돈을 쓰고 있어 지출을 크게 줄일 수도 없습니다. 어디서부터 고쳐야 할지 고민입니다. 소득, 지출 및 자산 현황은 다음과 같습니다.

소득, 지출 및 자산 현황	

구분		내용
월 소득(450만~700만 원)		수당, 성과급 포함
월 지출 (485만~ 585만 원)	고정비(125만 원)	보험료 30만 원, 주택담보대출이자 95만 원
	변동비(350만~450만 원)	생활비, 교육비, 양육비, 기타 비용 등
	저축(10만 원)	청약 10만 원
자산(7억 7,950만 원)		주택 7억 5,000만 원, 청약저축 1,750만 원, CMA 1,200만 원
부채(2억 원)		주택담보대출 2억 원

택스코디 - 먼저 위 표를 읽어봅시다. 세후 월 소득은 450만~700만 원입니다. (수당, 성과급 등이 2~3개월마다 한 번씩 급여와 함께 들어와 월별로 편차가 큽니다.)

월 지출은 485만~585만 원입니다. 저축은 청약저축 10만 원이 전부고, 고정비로 보험료(30만 원)와 주택담보대출 이자(95만 원)를 합쳐 125만 원이 나갑니다. 생활비, 교육비 등이 포함된 변동비가 350만 원에서 450만 원으로 들쭉날쭉합니다. 놀이, 캠핑, 쇼핑, 외식 등에 들어가는 돈조차 자녀 양육비로 인식하고 있어 자금 통제가 어렵습니다. 무엇보다 신용카드 위주로 쓰고 있어 정확한 비용을 파악하지 못하고 있습니다. 가진 자산으로는 시세 7억 5,000만 원짜리 주택과 청약저축(1,750만 원), CMA 통장잔액(1,200만 원) 등이 있습니다. 주택담보대출 잔액 2억 원은 부채입니다.

40~50대는 비용을 많이 쓰기도 하지만 생애주기 상 최대 흑자를 만들어낼 수 있는 시기인 만큼 노후준비를 착실히 해야 합니다. 특히 자녀 양육비와 교육비를 적절히 통제하지 못하면 노후 자금 마련은 고사하고 생활 영위 자체가 버거워질 수 있습니다.

현재와 은퇴 이후 삶 사이의 균형을 맞춰나가는 작업이 중요합니다. 결국, 매순간 선택이 쌓여 일상의 질을 결정하는데 현명하고 합리적 판단을 하기 위해선 '기회비용'을 따져봐야 합니다. 기회비용은 A라는 선택을 함으로써 포기하게 되는 다른 대안인 B의 가치를 뜻합니다. 재무 분야에선 미래 더 나은 삶을 살기 위한 자산을 형성하기 위해 포기하게 되는 현재 비용이라고 풀 수 있습니다. 이 무게 추를 세밀하게 검토하고 지출 관리를 해야 한다는 게 핵심입니다.

1. 소득 균형 맞추기

매월 수입이 불규칙해 급여 정리가 필요합니다. 예를 들어 총소득 (7,000만 원)을 12개월로 나눈 약 583만 원을 기본 월급이라고 상정하거나, 수당, 상여금, 성과급 등을 제외한 수입을 기본소득으로 인식하는 방법이 있습니다. 후자의 경우 해당 항목들은 연간기타소득으로 분류할 수 있습니다.

다만, 첫 번째 방식은 기타소득이 추후 감소할 경우 부족분 발생으로 지출 관리가 힘들어질 수 있습니다.

2. 지출 균형 맞추기

항목별로 구체적으로 정리해야 합니다. 생활비는 보험료, 관리 공과금, 휴대폰비, 식비, 생필품비 등으로 다시 나눌 수 있습니다. 연간 비정기 지출과 용돈, 저축 및 부채 상환 등도 별도 통장으로 관리해야 합니다. 연간기타소득은 담보대출원금 추가 상환, 자녀 교육비, 노후 자금 등으로 배분할 수 있습니다.

3. 재무목표 균형 맞추기

자녀교육, 대출 상환, 노후준비 간 우선순위를 정해야 합니다. 회알못씨 부부의 경우 대출 상환이 1순위에 놓일 가능성이 큽니다. 대출금이 2억 원으로 상당한 만큼 이자 비용이 부담으로 작용할 수 있기 때문입니다.

다음은 노후대비입니다. 퇴직이 10년 정도밖에 안 남은 데다 모아놓은 돈이 거의 없으므로 지금 당장 아내 국민연금 임의가입부터 챙기고, 퇴직 개인 주택연금 등도 알아봐야 합니다. 연금저축이나 개인형퇴직연금(IRP) 가입도 고민해야 합니다.

이를 제외한 금액을 자녀 양육이나 교육에 쓸 수 있습니다. 교육비는 계절이나 환경에 따라 규모가 바뀌기 때문에 연간 예산을 정해 그 범위 내에서 운용하는 게 좋습니다.

평생소득을 설정해 보자

회알못 - 6개월 뒤 퇴직할 예정입니다. 여태 외벌이로 그럭저럭 가정을 꾸려왔지만, 은퇴 후 생활이 걱정입니다. 연금을 준비해오긴 했으나 그 금액이 생각보다 많지 않고, 별도로 저축해둔 자금도 많지 않은 상태입니다. 노후엔 지금만큼 돈 쓸 일이 잦지 않아 생활비가 줄 것이라고 막연하게 생각했는데 막상 회사를 나가야 하는 시점에 보니 생활 방식이 크게 바뀔 것 같지 않습니다. 그동안 월급 이외에 받아왔던 추가수당, 상여금, 성과급 등을 모두 통장에 넣어두고 필요할 때마다 사용했는데 이제 그 현금 흐름이 사라지게 됩니다. 이런 상황에서 다를 바 없이 생활하게 되면 통장 잔액은 금방 거덜 날 거 같아 막막합니다. 소득, 지출 및 자산 현황은 다음과 같습니다. (참고로 국민연금은 월 190만 원, 퇴직금은 1억2,000만 원으로 예상됩니다. 이외 퇴직 후 실업급여가 9개월에 걸쳐 매월 약 180만 원 나올 것으로 보입니다.)

소득, 지출 및 자산 현황		
월소득		440만 원
연간 기타 수입		1,000만~1,500만 원(추가수당, 상여금, 성과급 등)
월지출 (438만~538만 원)	고정비(118만 원)	보험료 55만 원, 주택담보대출 원리금 63만 원
	변동비 (250만~350만 원)	생활비, 용돈, 기타 (주로 신용카드를 사용)
	저축(70만 원)	청약 10만 원, 연금 60만 원
자산 (8억 1,750만 원)		주택 6억 원
		정기예금 3,500만 원, 입출금통장 1,700만 원, 청약통장 1,800만 원, (구)개인연금신탁 3,700만 원, 연금저축보험 4,100만 원, 연금저축펀드 2,100만 원, IRP 1,050만 원, 개인연금보험 3,800만 원
부채 (8,000만 원)		주택담보대출 잔액 8,000만 원

택스코디 - 먼저 위 표를 읽어봅시다. 세후 월 소득은 440만 원입니다. 이와 별도로 연간 기타소득으로 1,000만~1,500만 원이 잡히지만, 이 둘을 구분하지 않고 신용카드를 사용해 본인 용돈도 제대로 파악되지 않고 있는 상태입니다.

월 지출은 438만~538만 원 사이입니다. 보험료(55만 원), 주택담보대출(63만 원) 등 고정비가 118만 원이고, 생활비 등을 포함한 변동비가 250만~350만 원 수준입니다. 저축은 청약(10만 원)과 연금(60만 원) 등 70만 원씩 하고 있습니다.

그리고 자산으로는 시세 6억 원짜리 주택이 있고 금융자산은 2억 원이 넘습니다. 부채는 주택담보대출 잔액이 8,000만 원 남았습니다.

노후자산 사용은 언제, 어떻게, 얼마나 꺼내 사용할지 명확히 정하는 게 핵심입니다. 가장 오래, 안정적으로 필요한 자금을 유지하는 계획을 수립해야 한다는 뜻입니다. 노후생활에 필요한 비용을 정확히 파악하는 작업이 우선입니다.

소득 변화는 남편뿐만 아니라 그동안 자산을 관리해온 아내에게도 힘든 일입니다. 어떤 노후를 꾸릴지, 어떤 자산을 어떻게 사용할지, 나중에 혼자 남은 배우자를 위해 어떻게 자금을 마련해 둘지 등을 합의해야 합니다.

구체적으로 '평생소득'을 설정해볼 수 있습니다. 크게 국민연금과 주택연금으로 나눌 수 있는데, 특히 주택연금은 부부 가운데 한 명이 생존할 때까지 감액 없이 유지되기 때문에 생존 배우자 독거생활비에 큰 도움이 됩니다.

여기까지 구성한 후 적금, 연금, 퇴직연금 등 추가소득은 가계상황에 따라 적절히 조정해 사용하면 됩니다.

지출도 세분화한 후 부부가 모두 인지하고 있어야 합니다. 필요생활비는 보험료, 부채비용 등 고정비와 관리공과금, 휴대폰비, 생필품 비용 등 변동비 및 부부 용돈 같은 월 생활비와 명절, 제사, 자동차보험, 세금 등 연간 비정기 지출로 나눠야 합니다.

취미, 여가 등 여유생활비는 이와 별도입니다. 노후 유동성 자금 역시 의료비 같은 긴급 예비자금과 자녀 지원, 투자금 등 잉여자금으로 구분해 관리하는 게 좋습니다.

끝으로 주택담보대출상환, 주택연금신청 등 자산변동 사안에 대해선 부부가 반드시 머리를 맞대 결정해야 합니다.

부자가 되려거든 기록하라
우리 집 재테크의 시작, 돈 관리 시스템부터 만들자!

초판 1쇄 발행　　　2023년 10월 20 일

지은이　　　택스코디
기획　　　잡빌더 로울

펴낸이　　　곽철식
디자인　　　임경선
마케팅　　　박미애

펴낸곳　　　다온북스
출판등록　　　2011년 8월 18일 제311-2011-44호

주 소　　　서울시 마포구 토정로 222 한국출판콘텐츠센터 313호
전 화　　　02-332-4972
팩 스　　　02-332-4872
이메일　　　daonb@naver.com

ISBN 979-11-93035-17-7 (13320)